ニチレイフーズの
広報さんに教わる

冷凍
作りおき
レシピ、
これが正解です！

監修

株式会社
ニチレイフーズ

KADOKAWA

『下味冷凍』で
ジューシーな
肉料理が
すぐに完成

冷凍野菜
活用レシピで
副菜に
もう悩まない

冷凍した
**ごはん・
パン・もち**も、
もっとおいしく
活用できる

メイン料理を
冷凍ストック。
忙しい日も
レンチンで即、
食卓に

お弁当おかずを
冷凍作りおきして
日々の食費を
節約◎

忙しい毎日……
冷凍作りおきがあれば、
もっとラクに！もっとおいしく！

　冷凍保存のギモンや悩みを解消すれば、毎日の調理時間を短縮でき、大切な食事時間をもっと笑顔で過ごせるはず。わたしたち広報は、そうした思いを原点にWEBサイト「ほほえみごはん」をスタートしました。2023年6月には、「ほほえみごはん」発の書籍第1弾『ニチレイフーズの広報さんに教わる　食材の冷凍、これが正解です！』を出版。あらゆる食材の冷凍方法をまとめたこの本は、驚くほど多くの方に手に取っていただくこととなりました。

　今回お届けする第2弾のテーマは「冷凍作りおき」。「ほほえみごはん」の記事から料理家さんたちによるレシピや冷凍保存のアドバイスなどをたっぷりと掲載しています。冷凍を活用した作りおきメニューは、便利なだけでなく、よりおいしく仕上がるなどメリットも盛りだくさん。本書によって、皆さんの日々の食事作りを手助けできればと願っています。

Contents

2 ⋯⋯ 忙しい毎日⋯⋯冷凍作りおきがあれば、もっとラクに！もっとおいしく！

6 ⋯⋯ 本書の使い方

1章 主菜の冷凍保存

8 ⋯⋯ 肉の冷凍＆解凍の基本

11 ⋯⋯ 魚の冷凍＆解凍の基本

下味冷凍なら、いつでも出来たてが食卓に

14 ⋯⋯ 鶏肉の唐揚げ
16 ⋯⋯ 鶏肉の照り焼き
17 ⋯⋯ 鶏肉の塩レモン炒め
17 ⋯⋯ 鶏肉のマヨ＆ポン酢焼き
18 ⋯⋯ シンガポールチキンライス
19 ⋯⋯ 手羽元の甘酢炒め煮
19 ⋯⋯ 手羽元唐揚げ
　　　　　スタミナカレー風味
20 ⋯⋯ 豚肉のプルコギ風
22 ⋯⋯ ポークチャップ

23 ⋯⋯ 豚肉の塩麹漬け
23 ⋯⋯ 豚肉の辛味噌漬け
24 ⋯⋯ 麻婆豆腐の素
26 ⋯⋯ 肉そぼろの素
27 ⋯⋯ さばの味噌煮
28 ⋯⋯ ぶりの照り焼き
30 ⋯⋯ さけのドレッシング漬け
31 ⋯⋯ さわらの塩麹漬け
32 ⋯⋯ まぐろの竜田揚げ
34 ⋯⋯ ガーリックシュリンプ

下ごしらえ冷凍も便利！

35 ⋯⋯ ささみフライ
36 ⋯⋯ コロッケ
38 ⋯⋯ 餃子

40 ⋯⋯ 餃子入り酸辣湯
40 ⋯⋯ 卵とじ餃子丼

完成冷凍で自家製「冷凍食品」をストック

42 ⋯⋯ 鶏肉のトマト煮
43 ⋯⋯ 鶏肉のさっぱり煮
43 ⋯⋯ チキンソテーのねぎ塩だれ
44 ⋯⋯ 鶏ハム
46 ⋯⋯ 鶏ささみのヤンニョムチキン
47 ⋯⋯ 鶏ささみのマヨネーズチーズ焼き
47 ⋯⋯ 鶏ささみの梅しそのり巻き
48 ⋯⋯ 手羽元のカリカリ焼き
48 ⋯⋯ 手羽元のBBQチキン
49 ⋯⋯ 手羽先の煮物
49 ⋯⋯ 手羽先の甘辛焼き

50 ⋯⋯ 豚こまともやしのさっぱり蒸し
51 ⋯⋯ 豚こまと玉ねぎのスタミナ焼き
51 ⋯⋯ 豚こまとピーマンのオイスターソース炒め
52 ⋯⋯ なすの豚肉巻き
52 ⋯⋯ ごぼうと豚肉のしぐれ煮風
53 ⋯⋯ キャベツのそぼろ煮
54 ⋯⋯ 牛肉と玉ねぎの韓国風炒め
55 ⋯⋯ ロールキャベツ
56 ⋯⋯ ポトフ
57 ⋯⋯ 魚肉ソーセージのアメリカンドッグ
57 ⋯⋯ 魚肉ソーセージのジャーキー風

2章

副菜の冷凍保存

62……野菜の冷凍＆解凍の基本

64……生でも冷凍でも！ トマトのおかず
　65……トマトのカレー和え
　66……トマトの冷製おでん
　66……トマトのしょうが味噌
　67……ミニトマトのピクルス
　67……ミニトマトの
　　　　　ガーリックチーズ
68……生でも冷凍でも！ なすのおかず
　68……なすの煮びたし
　69……麻婆風なす
　69……なすラタトゥイユ
70……冷凍活用できゅうりのおかず
　70……きゅうりのハニーピクルス
　70……きゅうりとまぐろのユッケ風
71……生でも冷凍でも！ パプリカのおかず
　71……パプリカの中華風サラダ
　71……パプリカのイタリアンサラダ
72……冷凍活用でブロッコリーのおかず
　72……ブロッコリーと
　　　　　あさりの酒蒸し
　73……ブロッコリーとベーコン炒め
　73……ブロッコリーとツナのサラダ
74……生でも冷凍でも！ 玉ねぎのおかず
　75……玉ねぎとかに風味
　　　　　かまぼこの中華和え
　75……丸ごと玉ねぎのレンジ蒸し
　76……たった10分で！ 飴色玉ねぎ
77……生でも冷凍でも！ キャベツのおかず
　77……ピリ辛コールスロー
　77……キャベツの
　　　　　チャンポン風あんかけ

78……生でも冷凍でも！ 大根のおかず
　78……大根とかつお節のサラダ
　78……大根のスパイシーステーキ
79……冷凍活用でにんじんのおかず
　79……さっぱりにんじんラペ
80……生でも冷凍でも！ かぼちゃのおかず
　80……かぼちゃの煮物
　81……かぼちゃチーズ
　81……かぼちゃのマヨサラダ
82……生でも冷凍でも！ きのこのおかず
　83……きのこのマリネ
　83……きのこの佃煮
84……生でも冷凍でも！ もやしのおかず
　84……ハムともやしときゅうりのサラダ
　85……もやしの焼きそば風
　85……もやしのカレーマヨ
　85……もやしの梅酢和え
86……生でも冷凍でも！ ほうれん草のおかず
　86……ほうれん草ポタージュ
87……生でも冷凍でも！ 白菜のおかず
　87……白菜ときのこの和風スープ
90……味噌玉
92……マッシュポテト
94……とうもろこしの天ぷら
96……黒豆

主食の冷凍保存

98‥‥主食の冷凍＆解凍の基本

102‥炊き込みごはん
    102‥五目炊き込みごはん
    103‥ツナとコーンの
         炊き込みごはん
    103‥豚肉としめじの
         中華風炊き込みごはん
104‥チャーハン
    104‥さけチャーハン
    104‥カレーチャーハン

105‥オムライス
106‥豚丼
107‥ビーフストロガノフ
108‥きりたんぽ
109‥きりたんぽ鍋
109‥味噌たんぽ
109‥揚げたんぽ

冷凍主食活用レシピ

110‥冷凍ごはん
    110‥きのこリゾット
    111‥チヂミ風お焼き
112‥冷凍角切りもち
    112‥もちグラタン
    113‥もっちりおこわ風
    113‥もちもちパンケーキ
114‥冷凍食パン
    115‥ベーコンエッグの
         ホットサンド
    115‥マシュマロチョコの
         ホットサンド

116‥トッピング食パン
    116‥アボカドかに風味トースト
    116‥中華風ツナ＆マヨトースト
    117‥はんぺんチーズトースト
    117‥しらすねぎトースト
    117‥ピーナッツバナナトースト
118‥フレンチトースト
121‥ラザニア
122‥オートミールおにぎり
123‥オートミールのお好み焼き
124‥オートミールパンケーキ

お弁当おかずの冷凍保存

126‥お弁当おかずの冷凍＆解凍の基本

128‥小松菜のお弁当おかず
    128‥小松菜とツナのサラダ
    128‥小松菜のごま和え
    129‥小松菜と卵の中華炒め
    129‥小松菜とベーコンの
         洋風ソテー

130‥アスパラのお弁当おかず
    130‥アスパラベーコン
    130‥アスパラの味噌チーズ焼き
    131‥アスパラウインナー
    131‥アスパラのつくね巻き

132 … ピーマンのお弁当おかず
　132 … ピーマンのコンビーフ炒め
　132 … ピーマンの甘辛煮
　133 … ピーマンのカレー風味
　133 … ピーマンのピーナッツ炒め
134 … ブロッコリーのお弁当おかず
　134 … ブロッコリーのチーズ焼き
　134 … ブロッコリーサラダ
　135 … ブロッコリーのおかか和え
　135 … ブロッコリーナムル
136 … かぼちゃのお弁当おかず
　136 … かぼちゃの塩バター
　136 … かぼちゃサラダ
　137 … かぼちゃきんぴら
　137 … ミニパンプキン

138 … さつまいものお弁当おかず
　138 … 大学芋
　138 … さつまいもの甘辛煮
　139 … さつまいものオイスター炒め
　139 … カレー風味のさつまいもサラダ
140 … いんげんのお弁当おかず
　140 … いんげんのごまマヨ和え
　140 … いんげんのピリ辛味噌和え
141 … れんこんのお弁当おかず
　141 … れんこんの塩昆布和え
　141 … れんこんとベーコンのチーズ焼き
142 … 卵焼き
143 … チーズボール
144 … ひじきの煮物

5章 | スイーツの冷凍保存

148 … スイーツの冷凍＆解凍の基本

150 … チョコブラウニー
151 … チョコチップクッキー
151 … チョコナッツマフィン
152 … りんごのコンポート
156 … いももち

column

58 … 冷凍食材で代用OK！
　　　豚肉×キャベツで鍋料理
88 … 冷凍トマト×冷凍きゅうりでガスパチョ
145 … 冷凍作りおきでキーマカレー弁当
146 … 下味冷凍でしょうが焼きのっけ弁当
153 … レンチンでOK！
　　　カスタードクリームは難しくない
154 … お菓子作りや料理で
　　　余った生クリーム、どうする？
158 … いろいろ方法があるけど……
　　　焼きいもレシピはレンチンが正解！

本書の使い方

・本書で使用している大さじ1は15㎖、小さじ1は5㎖です。ひとつまみ・少々は親指と人さし指の2本の指でつまんだ量が目安ですが、個人差があるので味を見ながら調節してください
・電子レンジやオーブントースターの加熱時間、冷蔵庫での解凍時間は目安です。機種や食材の状況によって差が出る場合がありますので様子を見ながら行ってください
・本書をまとめるにあたり、WEBサイト「ほほえみごはん」の表記や作り方を一部変更しています。本書で紹介した各食材の、より詳しい冷凍方法や冷凍後の活用手段については「ほほえみごはん」（https://www.nichireifoods.co.jp/media/）をご参照ください
・本書の冷凍・冷蔵保存期間は目安です。まな板や包丁など調理器具の衛生状態や食材の状態、冷凍庫・冷蔵庫の開け閉めの頻度等、ご家庭の保存状態や季節などにより異なる場合があります。食べる前によくご確認ください
・凍ったままのおかずをお弁当に入れて自然解凍で食べる場合は、お弁当に詰める他のおかずも清潔な状態で作り、すべて冷ましてから詰めるようご注意ください。心配な場合は一度電子レンジで熱くなるまで加熱し、その後十分冷ましてから詰めてください

※「ほほえみごはん」は、株式会社ニチレイフーズの登録商標です

主菜の冷凍保存

下味冷凍と
完成冷凍が◎

の冷凍＆解凍の基本

肉の冷凍 3 つのポイント

point 1
肉についた水分を拭き取り、ラップで包む

水分がついたまま冷凍すると、霜や臭みの原因に。ペーパータオルで拭き取る。その後、小分けしてラップで包む。

point 2
冷凍用保存袋に肉を入れ、空気を抜きながら密封する

平らな場所に肉を入れた保存袋を置き、手で上から押しながら空気を抜いて密封し、酸化を防いで。また、薄くすることで早く冷凍できる。

point 3
冷凍庫内は「平ら」にして冷凍する

あれば急速冷凍機能を使って、なければ熱伝導のよい金属製のバットにのせて、平らな状態で冷凍庫へ。

鶏むね肉

保存 1ヶ月

「プラス調味料」冷凍で長持ちもおいしさも叶える

 冷凍　購入直後の冷凍がベスト

表面の水分をしっかり拭き取り、鶏むね肉1枚に対して砂糖小さじ½、塩小さじ¼、こしょう少々をふる。冷凍用保存袋に入れ、酒小さじ2を加え、袋の外側から揉む。袋の口を閉じ、金属製のバットにのせて急速冷凍。

解凍　凍ったままの肉をゆでてそのまま食べても◎

グリルやソテーなどで食べる場合は冷蔵庫で7〜8時間自然解凍するか、電子レンジの解凍モード、または保存袋の上から流水を当てて解凍し（保存袋を大きめのポリ袋に入れた状態で行うとベター）、必ず加熱調理する。また、保存袋から取り出し、凍ったままの肉を沸騰した湯に入れて約20分ゆで、そのまま食べてもおいしい。

豚のこま切れ肉・薄切り肉

小分けにすれば、凍ったまま調理可能

※牛肉も同様のポイントで冷凍できる

 冷凍 薄く広げてラップで包んでから
冷凍用保存袋に

ラップの上にこま切れ肉を使いやすい量（1人分で約80gが目安）ずつ薄く広げ、包む。冷凍用保存袋に入れ、空気を抜いて口を閉じる。金属製のバットにのせて急速冷凍。薄切り肉は、トングや菜箸などで1枚ずつ広げてラップを間に挟み、重ねてから冷凍するとはがしやすい。

 解凍 凍ったまま
加熱調理できる

凍ったまま炒め物などに加えて調理する。または電子レンジ（200W）で80gにつき1分加熱し、半解凍状態にしてから使う。冷蔵庫で自然解凍（80gにつき約4時間）し、ペーパータオルで水気を拭き取ってから料理に使ってもよい。

ひき肉

傷みやすいので早めに冷凍して

 冷凍 空気に触れないよう
ぴったりラップする

1回量（約100g）ずつ小分けにし、空気に触れないようにぴったりとラップで包み、できるだけ平らにする。冷凍用保存袋に入れ、空気を抜いて口を閉じ、金属製のバットにのせて急速冷凍。

解凍 半解凍後に調理すると
おいしく仕上がる

電子レンジ（200Wもしくは解凍モード）で100gにつき1分加熱し、半解凍して調理する。冷蔵庫で100gにつき3〜4時間、自然解凍（半解凍の状態）しても◎。半解凍状態で調理するとドリップが出にくくなる。

ベーコン　先にカットしてパラパラ冷凍

保存
1ヶ月

冷凍

2段階に分けて冷凍すれば
より使いやすい

ベーコンを短冊切りにしてポリ袋に入れ、袋の口を閉じ、上下に激しく数回ふってパラパラにする。空気を残したまま冷凍庫に入れ、2～3時間後に取り出して再度ふってパラパラに。冷凍用保存袋に移して冷凍庫へ。

解凍

少量ずつ
ちょい足しで活用

凍ったまま炒め物やパスタ、スープなどに加えて加熱調理。少量ずつ使えるので、料理にちょい足ししたいときに活躍する。

ウインナーソーセージ　食べやすく切って冷凍すると便利

保存
1ヶ月

冷凍

1回量ずつ小分けして
ラップする

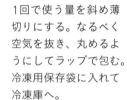

1回で使う量を斜め薄切りにする。なるべく空気を抜き、丸めるようにしてラップで包む。冷凍用保存袋に入れて冷凍庫へ。

解凍

汁物なら最後に
炒め物なら最初にイン

スープなど汁物に使う場合は凍ったまま最後に入れ、火を通す。炒め物に使う場合は、油を熱して最初に凍ったまま投入。他の具材より先に炒めると香りが立ち、他の具材に塩分や旨みをまとわせられる。

ハム　アルミホイルで巻いて急速冷凍

保存
1ヶ月

冷凍

1枚ずつ使いやすい
包み方をマスターして

ラップにハムを2枚並べ、手前にハム1枚分のスペースを空ける。手前に余裕を持たせたラップの端で1枚目のハムを包み、ハムごと折りたたみ2枚目のハムもぴったり包む。その後、アルミホイルで包んで冷凍用保存袋に。

解凍

冷蔵庫で自然解凍すると
加熱せずに使える

凍ったままフライパンやトースターで焼くなどして調理。または、アルミホイルを外してから冷蔵庫で自然解凍（2枚、30gにつき約2時間）し、水気を拭いてからサラダなどに使用。

魚の冷凍&解凍の基本

魚の冷凍 4 つのポイント

point 1

鮮度のいい魚を その日のうちに冷凍

魚は傷みやすいため、家庭で安全に冷凍するには、鮮度のいい魚を鮮度がいいうちに保存することが大切。購入当日中がベスト。

point 2

下処理し、水分を拭き取る

魚は内臓から傷みはじめるため、エラ、内臓、ウロコは冷凍前に取り除いて。切り身の場合も臭みの原因となる水分を拭き取ること。

point 3

冷凍用保存袋できっちり密封する

魚をラップで包んだだけ、ポリ袋に入れただけで冷凍すると乾燥や酸化の原因に。他の食品へのニオイ移りも気になる。冷凍用保存袋を使い、空気を十分に抜いて密封して。

point 4

急速冷凍を心がけておいしさキープ

魚に厚みがあると冷気が伝わりにくいため、保存袋に入れる際はできるだけ薄くして。冷凍庫に急速冷凍機能がない場合は、金属製のバットにのせて冷凍庫へ。

さけ

生ざけの切り身は 購入後すぐに下処理

保存 2〜3 週間

 冷凍 冷凍前に 酒と塩をふって下処理を

バットにのせて酒と塩を全体にふる（1切れに対して酒小さじ1、塩ひとつまみが目安）。10分ほど置いて表面に出てきた水分をしっかり拭き取り、1切れずつラップでぴったりと包み、冷凍用保存袋へ。金属製のバットにのせて急速冷凍。

解凍 半解凍してから 加熱調理を

冷蔵庫に約1時間30分置いて半解凍するか、電子レンジ（200W）で1切れ（90〜100g）あたり約1分加熱して半解凍し、加熱調理。半解凍で加熱する場合は、生のときより火加減を弱くし、加熱時間を長くする。

ぶり　生臭さを取り除くひと手間を

 冷凍　冷凍前に塩をふって下処理する

両面に塩少々をふって冷蔵庫に10分ほど置き、水分を拭き取る。1切れずつラップでぴったり包み、冷凍用保存袋に入れる。金属製のバットにのせて急速冷凍。

 解凍　半解凍してから生のぶりと同様に加熱調理

冷蔵庫で1切れ（約100g）につき2時間30分、自然解凍（半解凍状態）する。または電子レンジ（200W）で1切れにつき1分10秒程度加熱し、半解凍する。ペーパータオルで水気を拭き取り、酒少々をふってからすぐに生のぶりと同様に調理する。

しらす　そのまま冷凍するとぐっと長持ち

 冷凍　薄く平らにして冷凍

そのまま冷凍用保存袋に入れ、空気を抜いて袋の口を閉じ、冷凍する。なるべく薄く平らにするのがポイント。

 解凍　凍ったまま料理にイン

常温ですぐ解凍できるので、凍ったまま冷奴や納豆などにのせるとよい。おにぎりの具材として混ぜたり、パスタやチャーハン、卵焼きなどに加えて加熱調理しても◎。

えび　背ワタを取って殻付きのまま冷凍

 冷凍　少々面倒でも下処理して冷凍を

背ワタを取った殻付きえび（下処理の方法はp34の**1〜3**を参照）をボウルに入れる。8尾に対して塩小さじ½、酒大さじ1を揉み込んでからザルに移し、流水で洗う。水気を拭き取り、重ならないようにラップで包んで冷凍用保存袋に。金属製のバットにのせて急速冷凍。

 解凍　塩水解凍ならプリプリ食感に

海水程度の塩水（塩分濃度3％程度）で解凍し、水分や旨みの流出を防ぐ。えび8尾なら水500mlに塩大さじ1を溶かして、凍ったまま入れ、常温で10〜15分置く。流水でさっと洗い、水気をしっかり切ってから調理。

下味冷凍なら、
いつでも
出来たてが
食卓に

冷凍することで
よりおいしく！

下味冷凍って？

冷凍用保存袋に肉や魚と調味料を入れて冷凍するだけ。忙しい平日は、解凍して調理するだけ。時短で出来たてを食べられるのが、なによりうれしい！

下味冷凍 の メリット

冷凍効果で 味が染み込む

冷凍の過程で肉の繊維が壊れ、やわらかく味も染み込みやすくなる。フォークで穴を開けたりしなくても、おいしい。

調味料の効果で ジューシーに

下味冷凍の際は、砂糖や酒を入れるレシピが多数。砂糖や酒には保水効果があるので、肉がジューシーに仕上がる。

調理の際は 半解凍状態で

半解凍状態で調理すれば、解凍時のドリップを防げるため、味の完成度がさらにアップ。ぜひ覚えておこう。

下ごしらえ冷凍も 便利！>p35

揚げ物や餃子などを、揚げたり焼いたりする直前まで準備して冷凍しておく、下ごしらえ冷凍もおすすめ。下味冷凍と同様、出来たてを時短で食べられる。

鶏もも肉でも鶏むね肉でもおいしく作れる

鶏肉の唐揚げ

下味冷凍なら、

漬け込みなしでジューシー！

酒の保水効果で
鶏肉がやわらかく

鶏肉に下味だけをつけて冷凍用保存袋にイン。下味の材料の酒には保水効果があるので、鶏肉がやわらかくジューシーに仕上がる。冷凍庫にストックしておけば、漬け込む手間なしで、いつでも揚げたての唐揚げがすぐに食べられる。

下味冷凍

【材料】（2人分）

鶏もも肉…1枚（約300g）
※鶏むね肉でも可
塩・こしょう…各少々

A ┌ しょうゆ…小さじ2
 │ 酒…大さじ1
 │ みりん・しょうが
 │　（しぼり汁）…各小さじ1
 │ にんにく（すりおろし）
 └　…小さじ1（チューブ可）

【冷凍方法】

1. 鶏肉は5〜6cm角に切り、軽く塩、こしょうをふる。
2. 冷凍用保存袋でAを合わせ、1を加えてさっと揉む。平らに形を整え、空気を抜いて袋の口を閉じる。金属製のバットにのせ、冷凍庫で急速冷凍する。

これで冷凍庫にイン！

いつでも揚げたてが食べられる

解凍

【調理方法】

1. 冷凍した鶏肉は冷蔵庫でひと晩自然解凍する。もしくは電子レンジ（200W）で1袋につき3分加熱し、半解凍にする。
2. 袋から鶏肉を取り出し、ペーパータオルで汁気を拭く。
3. バットに片栗粉・小麦粉各1/4カップを広げ、2を入れてまぶす。
4. フライパンに揚げ油を深さ1.5〜2cm入れて中火で熱する。3を入れ、上下を返しながら中まで火が通り両面ともきつね色になるまで5分ほど揚げ焼きにする。

鶏むね肉で作ってもOK！

下味冷凍ならパサつきやすい鶏むね肉も、冷凍の過程で繊維が壊れ、やわらかく味も染み込みやすくなるので、小さくカットしたり、フォークで穴を開けたりしなくても、おいしく仕上がる。ポイントは2つ。1つ目は、砂糖や酒の保水効果で、よりやわらかく仕上げること。そして2つ目は半解凍状態で調理し、ドリップを防ぐこと。ぜひトライして。

下味冷凍なら、大きくカットした肉に味がよく染み込む

鶏肉の照り焼き

下味冷凍

【材料】（2人分）

鶏もも肉…1枚（約300g）

※鶏むね肉でも可

A
酒…大さじ3
しょうゆ・みりん
　…各大さじ1
砂糖…小さじ1
しょうが（薄切り）…1片分

【冷凍方法】

1. 鶏肉は半分に切り、厚みのある部分は切り込みを入れる。
2. 冷凍用保存袋でAを合わせ、1を加えてさっと揉む。平らに形を整え、空気を抜いて袋の口を閉じる。金属製のバットにのせ、冷凍庫で急速冷凍する。

これで
冷凍庫にイン！

甘辛い味つけは

老若男女問わず人気！

解凍

【調理方法】

1. 冷凍した鶏肉は冷蔵庫でひと晩自然解凍する。もしくは電子レンジ（200W）で1袋につき3分加熱し、半解凍にする。
2. フライパンにサラダ油小さじ2を入れて中火で熱し、袋から取り出した1を皮目を下にして焼く。漬け汁は取っておく。
3. 5分ほど焼いたら裏返し、ふたをして弱火で4分ほど焼く。2の漬け汁をフライパンに加えて煮絡める。食べやすく切ってから器に盛る。漬け汁は必ず加熱する。

鶏肉の塩レモン炒め

レモン&砂糖入りの
下味冷凍で、
しっとり仕上がる

下味冷凍

これで
冷凍庫にイン!

【材料】(2人分)
鶏もも肉…1枚(約300g)
※鶏むね肉でも可
塩・こしょう…各少々
レモン…½個

A
- レモン汁…大さじ1と½
- にんにく(薄切り)…1片分
- 白ワイン…大さじ2
- 砂糖…小さじ½
- 塩…小さじ¼

【冷凍方法】
1. 鶏肉は3〜4cm角に切り、塩、こしょうをふる。レモンは皮をよく洗ってから輪切りにする。
2. 冷凍用保存袋でAを合わせ、1を加えてさっと揉む。平らに形を整え、空気を抜いて袋の口を閉じる。金属製のバットにのせ、急速冷凍する。

解凍調理すると!

解凍

さわやかな味わい!

【調理方法】
1. 冷凍した鶏肉は冷蔵庫でひと晩自然解凍する。もしくは電子レンジ(200W)で1袋につき3分加熱し、半解凍にする。
2. フライパンにオリーブ油小さじ2を入れて中火で熱し、1を漬け汁ごと入れて焼く。
3. 5分ほどたったら裏返し、さらに2分ほど炒め煮にする。

鶏肉のマヨ&ポン酢焼き

肉は繊維を
断ち切るように
そぎ切りすると◎

下味冷凍

これで
冷凍庫にイン!

【材料】(2人分)
鶏むね肉…1枚(約300g)
※鶏もも肉でも可
塩・こしょう…各少々

A
- マヨネーズ・
  ポン酢しょうゆ
  …各大さじ2
- 酒…大さじ1
- しょうが(すりおろし)
  …小さじ1(チューブ可)

【冷凍方法】
1. 鶏肉は縦半分に切ってから1cm厚さのそぎ切りにし、軽く塩、こしょうをふる。
2. 冷凍用保存袋でAを合わせ、1を加えてさっと揉む。平らに形を整え、空気を抜いて袋の口を閉じる。金属製のバットにのせ、急速冷凍する。

解凍調理すると!

解凍

むね肉もしっとり

【調理方法】
1. 冷凍した鶏肉は冷蔵庫でひと晩自然解凍する。もしくは電子レンジ(200W)で1袋につき2分加熱し、半解凍にする。
2. フライパンにサラダ油小さじ1を入れて中火で熱し、袋から出した1を焼く。漬け汁は取っておく。
3. 4分ほどたったら裏返し、さらに1分ほど焼く。2の漬け汁をフライパンに加えて煮絡める。漬け汁は必ず加熱する。

保存
3〜4
週間

保存
3〜4
週間

下味冷凍の袋の中身と米を、炊飯器に入れて炊くだけ

シンガポールチキンライス

これで
冷凍庫にイン！

下味冷凍

【材料】（3〜4人分）

鶏もも肉 … 2枚
長ねぎ（青い部分）… 1本分
しょうが … 1片
A｜酒 … ¼カップ
　｜塩 … 小さじ¼

【冷凍方法】

1. 鶏肉は余分な脂と皮を除き、半分に切る。厚みのある部分に包丁を入れて開き、均一な厚さにする。
2. 長ねぎは5cm幅のぶつ切りにする。しょうがは千切りにする。
3. 冷凍用保存袋に1、2の順番に入れ、混ぜ合わせたAを全体にかかるように少量ずつ流し入れる。
4. 3の空気を抜いて、密封する。平らな状態のまま金属製のバットにのせ、急速冷凍する。

解凍

旨みを吸った
ごはんが絶品

【たれの材料】（3人分）

しょうが（すりおろし）… 大さじ1
オイスターソース … 大さじ1
ナンプラー … 大さじ1
砂糖 … 大さじ½
レモン汁 … 大さじ1弱
サラダ油 … 小さじ1

【調理方法】

1. 米2合は普通に水加減し、30分ほど吸水させ、水を大さじ2取り除く。
2. 下味冷凍した鶏肉は袋ごと流水に30秒〜1分当て、表面を少し解凍する。
3. 1にナンプラー大さじ1を入れて混ぜ、2の鶏肉1と½枚分※を皮目を下にして米の上に並べる。しょうが、長ねぎも重ならないよう並べ、普通に炊飯する。
4. 炊き上がったらすぐに鶏肉、長ねぎ、しょうがを取り出し、ごはんを混ぜる。鶏肉は食べやすい大きさに切る。
5. 器にごはんと鶏肉を盛り、2cm幅に切った香菜、くし形切りにしたトマト各適量をお好みでつけ合わせ、混ぜ合わせたたれを添える。

※残りの鶏肉½枚分は蒸す、焼くなどして別で食べるとよい

手羽元の甘酢炒め煮

炒め煮にするので、
肉はふっくらジューシー

これで
冷凍庫にイン！

下味冷凍

【材料】（2人分）
鶏手羽元…6本
※切り込みを入れる。
方法は下写真参照
塩・こしょう…各少々

A	
しょうゆ…大さじ2	砂糖…大さじ3
酒…大さじ2	しょうが（すりおろし）…1片分
酢…大さじ3	

【冷凍方法】
切り込みを入れた手羽元に塩、こしょうをまぶして冷凍用保存袋に入れ、合わせたAを加えて袋の上から揉み込んで口を閉じる。金属製のバットにのせ、急速冷凍する。

切り込みの入れ方

骨の真上に切り込みを入れ、肉を両側に開く。

解凍調理すると！

やさしい甘酢風味

解凍

【調理方法】
1. 冷凍した手羽元は保存袋の口を閉じたまま電子レンジ（500W）で1分30秒加熱し、半解凍状態にする。
2. 手羽元は汁気を切って、ペーパータオルで拭く。漬け汁は取っておく。
3. 深めのフライパンにごま油小さじ2を熱して、2の手羽元を並べ入れ、中火で全体に焼き色がつくまで焼く。
4. 水1カップ、2の漬け汁を加え、沸騰したらアクを取り、中火で12分煮て漬け汁を煮詰めながら手羽元に絡める。

手羽元唐揚げ スタミナカレー風味

にんにく＆
しょうがたっぷりの
カレー風味

下味冷凍

【材料】（2人分）
鶏手羽元…6本
※切り込みを入れる。方法は
「手羽元の甘酢炒め」参照

A	
カレー粉…小さじ2	
塩…小さじ1/3	
黒こしょう…少々	

B	
トマトケチャップ…大さじ1	
白ワイン（酒でも可）…大さじ2	
にんにく（すりおろし）…1片分	
しょうが（すりおろし）…1片分	

これで
冷凍庫にイン！

【冷凍方法】
切り込みを入れた手羽元にAをまぶして冷凍用保存袋に入れ、合わせたBを加えて袋の上から揉み込んで口を閉じる。金属製のバットにのせ、急速冷凍する。

解凍調理すると！

カリッとジューシー

解凍

【調理方法】
1. 冷凍した手羽元は保存袋の口を閉じたまま電子レンジ（500W）で1分30秒加熱して、半解凍状態にする。
2. 手羽元は汁気を切って、ペーパータオルで拭き、小麦粉適量をまぶす。
3. 深めのフライパンにオリーブ油適量を熱して、2の手羽元を入れ、中火で全体に焼き色がつくまで揚げ焼きにする。

牛肉をリーズナブルな豚肉で代用したレシピ

豚肉の
プルコギ風

脂の少ない豚こまでもパサつかない

**牛肉じゃなくても
ちゃんとおいしい**

プルコギといえば、本来は牛肉で
作る料理。しかし、豚こま切れ肉
で代用してもしっかりおいしく作
ることができる。その秘密は下味
冷凍の際に加える砂糖。砂糖には
保水効果があるので、脂の少ない
こま切れ肉を使ってもパサつかず、
しっとり仕上がる。

【材料】（2人分）

豚こま切れ肉…200g
塩・こしょう…各少々
玉ねぎ…¼個
パプリカ（赤）…½個

A
酒…大さじ2
しょうゆ…大さじ1と½
砂糖…大さじ1
にんにく（すりおろし）・
　しょうが（すりおろし）
　…各小さじ1（チューブ可）
一味唐辛子…小さじ¼
※あれば韓国唐辛子粉小さじ2
ごま油…小さじ1

【冷凍方法】

1. 豚肉は大きいものがあれば食べやすい大きさに切り、軽く塩、こしょうをふる。玉ねぎは1cm幅のくし形に切る。パプリカは4つ割りにし、ヘタと種を除いて斜めに1cm幅に切る。

2. 冷凍用保存袋でAを合わせ、1を加えてさっと揉む。平らに形を整え、空気を抜いて袋の口を閉じる。金属製のバットにのせ、急速冷凍する。

これで
冷凍庫にイン!

具だくさんで

解凍

栄養バランスGOOD!

【調理方法】

1. 冷凍した豚肉は冷蔵庫でひと晩自然解凍する。もしくは電子レンジ（200W）で1袋につき2分加熱し、半解凍にする。

2. 青ねぎ4～5本を5～6cm幅に切る。

3. フライパンにごま油小さじ2を入れて中火で熱し、1を漬け汁ごと入れて炒める。

4. 火が通ったら2を加え、さっと炒めたら器に盛り、好みでいりごま（白）適量をふる。

豚肉の下味冷凍 2つのポイント

今回のレシピは基本的にはどの種類の豚肉を使ってもOK! ただし下味冷凍する際には、2つのポイントに気をつけて。1つ目は、買ってきたらすぐに下味冷凍すること。そして2つ目は冷凍用保存袋をアルミやステンレスなどの金属製バットにのせ、急速冷凍すること。こうすることで、おいしく保存できる。

白ワインが肉の臭みを和らげ、保水性を高める

ポークチャップ

保存
3~4
週間

下味冷凍

【材料】（2人分）
豚ロース薄切り肉…200g
塩・こしょう…各少々
玉ねぎ…¼個

A
白ワイン・
　トマトケチャップ
　…各大さじ2
ウスターソース…大さじ1
にんにく（すりおろし）
　…小さじ1（チューブ可）

【冷凍方法】

1. 豚肉は筋を切り、軽く塩、こしょうをふる。玉ねぎは1cm幅のくし形に切る。

2. 冷凍用保存袋でAを合わせ、1を加えてさっと揉む。平らに形を整え、空気を抜いて袋の口を閉じる。金属製のバットにのせ、急速冷凍する。

これで
冷凍庫にイン!

解凍

【調理方法】

1. 冷凍した豚肉は冷蔵庫でひと晩自然解凍する。もしくは電子レンジ（200W）で1袋につき2分加熱し、半解凍にする。

2. フライパンにオリーブ油小さじ2を入れて中火で熱し、袋から取り出した1の豚肉と玉ねぎを炒める。漬け汁は取っておく。

3. 肉の色が変わったら2の漬け汁をフライパンに加えて煮絡める。漬け汁は必ず加熱する。

子どもも喜ぶケチャップ味!

豚肉の塩麹漬け

塩麹効果で
ジューシーに
厚切り肉を使っても◎

これで
冷凍庫にイン!

下味冷凍

【材料】（2人分）
豚バラ薄切り肉…200g
しめじ…½パック

A
酒…大さじ2
塩麹…大さじ1と½
しょうが（すりおろし）
…小さじ1（チューブ可）

【冷凍方法】
1. 豚肉は10cm幅に切る。しめじは石づきを除いて小房に分ける。
2. 冷凍用保存袋でAを合わせ、**1**を加えてさっと揉む。平らに形を整え、空気を抜いて袋の口を閉じる。金属製のバットにのせ、急速冷凍する。

解凍調理すると!

まろやかな塩味がうれしい

解凍

【調理方法】
1. 冷凍した豚肉は冷蔵庫でひと晩自然解凍する。もしくは電子レンジ（200W）で1袋につき2分加熱し、半解凍にする。
2. フライパンにサラダ油小さじ2を入れて中火で熱し、**1**を漬け汁ごと加えて炒める。火が通ったら器に盛り、好みでパセリのみじん切り適量をふる。

豚肉の辛味噌漬け

味噌の働きで、
肉の臭みが和らぎ、
やわらかく

下味冷凍

【材料】（2人分）
豚バラ薄切り肉…200g
塩・こしょう…各少々
長ねぎ…½本

A
酒…大さじ3
味噌…大さじ1
砂糖…小さじ2
豆板醤…小さじ1

これで
冷凍庫にイン!

【冷凍方法】
1. 豚肉は10cm幅に切り、軽く塩、こしょうをふる。長ねぎはぶつ切りにする。
2. 冷凍用保存袋でAを合わせ、**1**を加えてさっと揉む。平らに形を整え、空気を抜いて袋の口を閉じる。金属製のバットにのせ、急速冷凍する。

解凍調理すると!

ピリ辛味で食欲アップ!

解凍

【調理方法】
1. 冷凍した豚肉は冷蔵庫でひと晩自然解凍する。もしくは電子レンジ（200W）で1袋につき2分加熱し、半解凍にする。
2. フライパンにごま油小さじ2を入れて中火で熱し、袋から取り出して**1**を漬け汁ごと加え、火が通るまで炒める。

下味冷凍なら豆腐と炒めるだけで完成

麻婆豆腐の素

保存
2〜3
週間

傷みやすいひき肉は

麻婆味をつけて冷凍

いつでも簡単に
麻婆豆腐を食べられる

傷みやすいひき肉は冷凍すると長持ち。その際、下味をつけておくと、とても便利。例えばひき肉と麻婆味の調味料を混ぜ合わせて冷凍しておけば、豆腐と一緒に加熱するだけで、いつでも簡単に麻婆豆腐が作れる。さらにそのひき肉を使って担々スープやタコライスなどにアレンジも可能！

【材料】（2人分）

豚ひき肉…120g

長ねぎ（みじん切り）…10cm分

しょうが（みじん切り）…1片分

にんにく（みじん切り）…1片分

A
| 味噌・砂糖…各大さじ1と½
| 酒…大さじ1
| しょうゆ…大さじ½
| 豆板醤…小さじ1
| 花椒粉（ホワジャオフェン）（または粉山椒・好みで）…小さじ½
| 鶏がらスープの素（顆粒）…少々

【冷凍方法】

1. 冷凍用保存袋に長ねぎ、しょうが、にんにく、Aを入れ、袋の口を開けたまま、上から手で揉んで軽く混ぜる。

2. 1にひき肉を加え、袋の口を開けたまま、上から手で揉んで混ぜる。

3. 空気を抜いて袋の口を閉じ、金属製のバットにのせ、急速冷凍する。

これで冷凍庫にイン！

 解凍

【調理方法】

1. 下味冷凍したひき肉は袋の口を開け、電子レンジ（200W）で1袋につき1分30秒加熱し、半解凍する。

2. フライパンにサラダ油小さじ2を入れて中火で熱し、袋から取り出した1を炒める。

3. 肉がパラパラになったら水⅓カップを加え、煮立ったら2cm角に切った豆腐1丁を加える。

4. ひと煮立ちしたら水溶き片栗粉（水大さじ1＋片栗粉大さじ½）でとろみをつけ、ごま油適量をまわし入れる。

麻婆豆腐の素

Idea

下味冷凍したひき肉の使い方

麻婆味で下味冷凍したひき肉は、いろいろな料理にアレンジ可能。バリエーションが広がる！

①「担々麺」や「担々スープ」に

下味冷凍したひき肉は「麻婆豆腐」と同じ、中華のピリ辛ひき肉料理である「担々麺」や「担々スープ」に使用することも可能。半解凍したひき肉をフライパンで炒めて、麺やスープにトッピングすれば、調理時間の短縮に！

②「タコライス」や「キーマカレー」に

麻婆味のひき肉は、中華以外の料理にアレンジすることも。フライパンで炒めたひき肉をレタスやトマト、チーズと一緒にごはんにのせれば「タコライス」が完成！そのほかにもひき肉と一緒に玉ねぎを炒めて、水を加え、カレー粉で味つけすれば、手軽に「キーマカレー」が作れる。

下味冷凍のひき肉は、そのままハンバーグや餃子にも◎

肉そぼろの素

下味冷凍

【材料】（2〜3人分）
豚ひき肉…200g
しょうが（すりおろし）
　…小さじ1（チューブ可）
塩麹…大さじ1

【冷凍方法】
1. 冷凍用保存袋にすべての材料を入れ、袋の上から揉み込んで混ぜる。
2. できるだけ薄く平らにしながら密封し、菜箸を押しつけて4分割の線をつける。
3. 金属製のバットにのせ、急速冷凍する。

ジャージャーうどん

解凍

うどんと合わせて

ジャージャーうどんに

【調理方法】
1. フライパンに凍ったままの肉そぼろの素200gを手で割り入れ、ヘラで崩しながら中火で炒める。
2. 肉の色が変わったら、ごま油小さじ1、甜麺醤大さじ1と½（味噌大さじ1と½＋砂糖大さじ½で代用可）、豆板醤小さじ½、酒大さじ2、しょうゆ小さじ½、鶏がらスープの素（顆粒）小さじ¼と長ねぎ（みじん切り）10cm分を加えてよく炒め合わせる。
3. 片栗粉小さじ½を大さじ2の水で溶き、2に少しずつ加えて加熱しながらとろみをつける。
4. うどん2玉をゆでてザルに上げ、水気をよく切る。
5. 器に4を盛り3をかける。角切りにしたトマト、斜め薄切りにしたきゅうり、白髪ねぎ各適量を彩りよく盛りつける。
6. 水大さじ3、しょうゆ小さじ⅓、鶏がらスープの素（顆粒）小さじ¼を合わせ、食べる直前に5にかける。

冷凍効果で味が染み込んでおいしく仕上がる

さばの味噌煮

これで
冷凍庫にイン！

保存
3〜4
週間

下味冷凍

【材料】（2人分）

さば（切り身）

…2切れ（½尾分）

A
味噌…大さじ2と½
砂糖…大さじ2
みりん…大さじ1と½
酒…大さじ2
しょうが（薄切り）
…4枚

【冷凍方法】

1. さばは水分をペーパータオルで拭き取り、皮目に十文字の切り込みを入れる。

2. 冷凍用保存袋でAを合わせ、1を加えてよく絡める。空気を抜いて袋の口を閉じ、金属製のバットにのせ、急速冷凍する。

家庭で定番の

解凍

「味噌煮」がすぐ完成

【調理方法】

1. 凍ったままのさばをたれごと鍋に入れ、水・酒各½カップを加え、強火にかける。

2. 煮立ったら中火で、ときどき煮汁をさばに回しかけながら5分ほど煮る。

3. 落としぶた（アルミホイルでもOK）をして、そのまま汁気を飛ばすように7〜8分煮る。

お好みで
長ねぎをプラス

3の落としぶたをするタイミングで、ぶつ切りにした長ねぎを加えてもおいしい。

めかじきやさわら、たらでも相性よし

ぶりの照り焼き

水を足して調理すれば

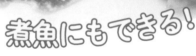

煮魚にもできる！

下味冷凍なら臭みが出ず、身もしっとり仕上がる

魚の冷凍は「臭みが出る」「身がパサつく」などネガティブなイメージを持つ人が多いはず。でも切り身を調味料に漬けて下味冷凍すれば、臭みが出ず身もしっとり、さらに調理も簡単に。照り焼き用の下味冷凍はぶり以外に、めかじきやさわら、たらなどとも相性よし。

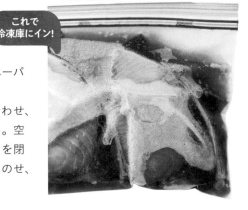

これで
冷凍庫にイン!

【材料】（2人分）

ぶり（切り身）…2切れ

A
酒…大さじ3
みりん…大さじ2
しょうゆ…大さじ1と½
しょうが（うす切り）…4枚

【冷凍方法】

1. ぶりの表面の水分をペーパータオルで拭く。

2. 冷凍用保存袋でAを合わせ、1を入れてよく絡める。空気を抜くように袋の口を閉じ、金属製のバットにのせ、急速冷凍する。

解凍

【調理方法】

1. 冷蔵庫でひと晩自然解凍。ぶりにたれがついたままだと焦げやすいために、ペーパータオルでたれを拭く。保存袋に残ったたれは取っておく。解凍はたれが拭き取れる程度でOK。

2. フライパンにサラダ油小さじ2を熱し、1を入れて焦げないように弱火で両面を焼く。保存袋のたれをフライパンに注ぎ、砂糖小さじ1を加え混ぜる。たれは必ず加熱する。

3. たれがふつふつと沸いて透明感が出たら、ぶりに絡める。

これで
冷凍庫にイン!

Idea

副菜とセットで
下味冷凍するアイデア
「さけの照り焼き・
ほうれん草添え」

保存
1ヶ月

【材料】（2人分）

さけの切り身…2切れ

ほうれん草
…60g（約¼束）

しょうゆ…大さじ1

砂糖…大さじ1

みりん…大さじ2

【冷凍方法】

1. ほうれん草を食べやすい大きさに切る。

2. 冷凍用保存袋にすべての材料を入れ、手で軽く揉む。空気を抜きながら口を閉じ、金属製バットにのせ、急速冷凍。

【調理方法】

1. フライパンを弱火にかけ、凍ったままのさけとほうれん草を入れる。

2. 水分がなくなりそうになったら水¼カップほどを加え、ふたをして程よい焦げ目がつくまで蒸し焼きにする。

冷蔵庫で余ったドレッシングを下味冷凍に活用!

さけの
ドレッシング漬け

下味冷凍

【材料】(2人分)

さけ(切り身)
…2切れ
塩・こしょう…各少々
ごまドレッシング
…大さじ4

魚の種類で選ぶドレッシング

さけやめかじき、さば、ぶりなど風味が強い魚には濃厚なごまドレッシング、さわらやたらなど淡白な白身魚にはさっぱりした玉ねぎドレッシングを合わせるのがおすすめ。

【冷凍方法】

これで冷凍庫にイン!

1. さけに塩、こしょうをふって10分置き、水分をペーパータオルで拭く。
2. 冷凍用保存袋に1とドレッシングを入れて絡める。空気を抜くように袋の口を閉じ、金属製のバットにのせ、急速冷凍。

濃厚なごま風味が

解凍

さけと相性抜群

【調理方法】

1. 冷蔵庫でひと晩自然解凍する。さけにたれがついたままだと焦げやすいため、ドレッシングを拭き取る。保存袋に残ったドレッシングは取っておく。解凍はたれが拭き取れる程度でOK。
2. フライパンにごま油小さじ2を熱し、1を入れて焦げないように弱火で両面を焼く。保存袋のドレッシングをフライパンに注ぐ。生魚を漬けていたドレッシングは必ず加熱する。
3. ドレッシングがふつふつと沸いて透明感が出たら、さけに絡める。

さわらやたらなどの白身魚だけでなく、さばやさけも◎

さわらの塩麹漬け

これで冷凍庫にイン！

下味冷凍

【材料】(2人分)
さわら(切り身)…2切れ
塩麹…大さじ4

【冷凍方法】
1. さわらの表面の水分をペーパータオルで拭く。
2. 冷凍用保存袋に1と塩麹を入れて絡める。空気を抜くように袋の口を閉じ、金属製のバットにのせ、急速冷凍。

塩麹効果で

身がふっくら

解凍

【調理方法】
1. 冷蔵庫でひと晩自然解凍する。さわらに塩麹がついたままだと焦げやすいため、ペーパータオルで塩麹を拭く。保存袋に残った塩麹は取っておく。解凍は塩麹が拭き取れる程度でOK。
2. フライパンにオリーブ油小さじ2を熱し、1を入れて焦げないように弱火で両面を焼く。保存袋の塩麹をフライパンに注ぎ、みりん大さじ1を加え混ぜる。生魚を漬けていた塩麹は必ず加熱する。
3. 塩麹がふつふつと沸いて透明感が出たら、さわらに絡める。

調理しやすく、食べやすいのもうれしい

まぐろの竜田揚げ

余った刺身は

その日に漬け冷凍しよう

下味冷凍

【材料】（2人分）

まぐろ（刺身）… 160g
塩 … 少々

A
しょうゆ … 大さじ1
酒 … 大さじ2
みりん … 大さじ2

これで
冷凍庫にイン！

【冷凍方法】

1. 刺身全体に塩をふってラップをし、冷蔵庫で10分ほど置く。刺身から出た水分を、ペーパータオルでしっかり拭き取る。

   塩をふることで、塩の脱水効果により身が締まっておいしくなる。

2. 冷凍用保存袋でAを合わせ、1の刺身を入れてよく絡める。空気を抜いて、袋の口を閉じる。金属製のバットにのせ、急速冷凍する。刺身は素手で触ると傷みやすいので、必ずトングや菜箸、ゴム手袋などを使用すること。

解凍

【調理方法】

1. 下味冷凍の刺身は氷水で半解凍し、ペーパータオルでたれを拭き取る。片栗粉適量をまぶす。

2. フライパンに揚げ油を深さ1cmほど入れて中火で熱する。1を入れ、カリッとするまで両面揚げ焼きにする。器に盛り、おろししょうが適量を添える。

他の刺身でも代用できる

竜田揚げの味つけには、ぶり、はまち、かんぱちもおすすめ。逆に、かつおやさば、あじなどの青魚の刺身は傷みやすいので使用しない。たいなどの白身魚やいか、たこなどは右の洋風の下味冷凍によい。

冷凍刺身は半解凍で加熱調理が鉄則

半解凍する際は、水温が10℃を超えると食品へのダメージが大きいため、ボウルに水道水をためて氷を入れ、そこに凍ったままの冷凍用保存袋を入れ、氷水解凍する。5〜10分で調味液が溶けるので、中の刺身をトングや菜箸で取り出し、加熱調理する。解凍した刺身は必ず一度に使い切り、再冷凍しない。

下味冷凍でもう1品

まぐろのごまソテー

【調理方法】（2人分）

1. 下味冷凍の刺身は氷水で半解凍し、ペーパータオルでたれを拭き取る。

2. バットにいりごま（白）大さじ2、いりごま（黒）大さじ1を混ぜながら広げ、1の両面にまぶす。

3. フライパンにサラダ油大さじ1を入れて中火で熱し、2を両面焼き色がつくまで焼く。

Idea

洋風の下味冷凍で魚介ときのこのアヒージョ

しょうゆベースの下味冷凍の代わりに、洋風料理に使いやすい塩・こしょうベースの下味をつけて冷凍する方法も。

【冷凍方法】（2〜3人分）

1. 刺身（サーモン、いか、ほたて、たいなど）160gにつき、塩小さじ1/2をふり、10分ほど置いてペーパータオルで水気を拭き取る。

2. こしょう少々をふって、刺身を冷凍用保存袋に入れ、オリーブ油大さじ2を加えて口を閉じ、金属製のバットにのせ、急速冷凍。解凍後は、パスタやソテー、フライなどに使える。

解凍

【材料】（2〜3人分）
洋風下味冷凍の刺身…160g
エリンギ…2本
しめじ…1/2パック
A | オリーブ油…1カップ
にんにく（みじん切り）…2片分
アンチョビ（フィレ・あれば）…1枚
赤唐辛子（輪切り）…少々
塩・こしょう…各少々
パセリ（みじん切り）・バゲット（薄切り）…各適量

【調理方法】

1. 洋風下味冷凍の刺身は氷水で半解凍。エリンギは3cm幅の薄切りに、しめじは石づきを除いて小房に分ける。

2. スキレット（または小鍋）にAを入れて中火にかけ、香りが立ったらエリンギ、しめじを加え、しんなりするまで炒める。

3. 1の刺身を加え、さっと火を通し、塩、こしょうで味を調える。火を止めて、パセリをちらし、軽くトーストしたバゲットを添える。

本場ハワイの味を完全再現。ビールのつまみにぴったり

ガーリックシュリンプ

これで冷凍庫にイン！

保存
2週間

下味冷凍

【材料】（2人分）

えび（殻付き・大）
　…14〜16尾
※バナメイえびがおすすめ
片栗粉…適量
塩…小さじ½

A
　にんにく（みじん切り）…2片分
　（チューブの場合は小さじ1）
　玉ねぎ（みじん切り）…¼個分
　オリーブ油…大さじ3
　レモン汁…大さじ2
　ハーブソルト（食塩でも可）
　　…小さじ½

【冷凍方法】

1. ボウルにえび、塩、片栗粉を入れ、全体を絡めるようによく揉む。流水で洗い、片栗粉を完全に落とす。

2. キッチンばさみを使い、えびの殻に切り込みを入れる。頭側から尾の1節手前まで、背に沿ってはさみを入れるとよい。切った殻の間からつま楊枝を刺して背ワタを取る。

3. 尾は汚れがたまりやすいため、半分ほど斜めに切り落とす。ペーパータオルでえびの水気をしっかり拭き取る。

4. 冷凍用保存袋にえび、**A**の材料をすべて入れて、袋の上から揉む。空気を抜くようにして口を閉じる。ニオイ移りを防ぐため、さらに冷凍用保存袋に入れて二重にし、口を閉じる。金属製のバットにのせ、急速冷凍。

パンチの効いた

ガーリック風味

解凍

【調理方法】

1. 冷凍用保存袋ごと流水に20〜30分当てて解凍する。

2. えびとソースをすべてフライパンに出す。えびが重ならないように広げて火をつけ、強めの中火でしっかり焼き目をつける。焼いている間はあまり触らない。

3. 殻が赤くなり、切り込みを入れた部分が開いてきたら、裏返してもう片面を焼く。

4. 両面にこんがりと焼き目がついたら、塩、粗びき黒こしょう各適量で味を調える。さらにバター20gを加えて溶かし、全体に絡めたら火を止める。

5. パセリのみじん切り適量をちらし、くし形切りのレモン適量を添える。

下ごしらえ冷凍も便利！

ささみフライ、コロッケは揚げる直前まで、
餃子は包んで下ごしらえ調理して冷凍しておくと、とても便利！
忙しい日でも出来たてをすぐに食べられる。

冷凍効果で味が染み込んでおいしく仕上がる
ささみフライ

保存
3週間

下ごしらえ冷凍

【材料】（2人分）
鶏ささみ … 4本
塩・こしょう … 各少々
小麦粉 … 大さじ2〜3
溶き卵 … 1個分
パン粉 … 1と½カップ

【冷凍方法】

1. ささみは筋を除いて半分の長さに切る。さらに太い方のささみを縦半分に切る。塩、こしょうをふる。1本を3等分にし、同じくらいの大きさにすることで加熱ムラを防ぐ。

2. 1に小麦粉、溶き卵、パン粉の順で衣をつける。

3. 3個（ささみ1本分）ずつラップで包み、冷凍用保存袋に入れる。空気を抜いて袋の口を閉じ、冷凍する。

これで冷凍庫にイン！

解凍

【調理方法】

1. フライパンに油を深さ1cmほど入れて160℃に熱する。

2. 凍ったままのささみフライを入れ、両面がきつね色になるまで揚げ焼きにし、最後に少し温度を上げて、カラリと仕上げる。

弁当底めの温度でじっくり揚げて

このレシピなら、もう失敗しない

コロッケ

冷凍向き！破裂しにくい

コロッケレシピ公開

下ごしらえ冷凍

【材料】（2人分）

じゃがいも
　… 約3個（正味300g）
牛豚合いびき肉 … 80g
玉ねぎ … ¼個
塩 … 小さじ¼
こしょう … 少々
サラダ油 … 小さじ2
小麦粉 … 大さじ5
水 … 大さじ4（60㎖）
パン粉 … 1カップ程度

【冷凍方法】

1. 玉ねぎはみじん切りに。フライパンにサラダ油を中火で熱し、玉ねぎを入れてツヤが出るまで炒める。ひき肉を加えて火を通し、塩、こしょうをして、火を止め、フライパンの上に薄く広げて冷ます。

2. じゃがいもは1㎝幅の半月切りに。さっと洗って水気を切り、耐熱ボウルに入れる。ラップをして電子レンジ（600W）で約6分、やわらかくなるまで加熱する。厚手のポリ袋にじゃがいもを入れ、熱いうちに麺棒で押し潰す。

3. 2に1を加え、袋ごと揉み、混ぜ合わせる。ポリ袋の底を使い、10㎝幅の筒状に整える（写真❶）。袋の両端を切り開き、包丁で5等分に切る。

4. 3を厚さ2㎝ほどの小判形にし、なめらかに成形する（写真❷）。タネはしっかり冷ます。

5. ボウルに小麦粉と水を混ぜ、4を入れて全体に絡ませる。パン粉の入ったバットに移し、しっかり均一にまぶす。

6. 冷凍用保存袋に入れ、空気を抜くように口を閉じ、金属製のバットにのせて急速冷凍。

これで
冷凍庫にイン！

解凍

【調理方法】

1. フライパンに揚げ油を深さ1.5cmほど入れ、中火〜強火で中温にし、凍ったままのコロッケを入れる。コロッケに霜がついている場合は払い落とし、冷凍庫から出したらすぐに揚げる。一度に入れるのは4個までに。

2. 火加減を中温に調整しながら、常に大きな泡が出ていて、パチパチと音が聞こえる状態を保つ。衣が固まるまで極力触らない。きつね色になったら裏返し、同様に揚げる。

3. 5分くらい揚げ、衣がカリッと固まり、両面がきつね色になったら揚げ上がりのサイン。網に上げて油を切り、器に盛る。

破裂を防ぐ！ 揚げ方のコツ

① コロッケは凍った状態で油に入れる

タネの温度が上がりすぎず、破裂の原因である水蒸気の発生が抑えられる。タネには火が通っているので、中まで温まる程度に加熱すればOK。

② むやみに触らない

触ると衣が傷つき、蒸気圧による負荷がかかりやすくなり破裂する。とくにコロッケを油に入れた後は、衣が固まるまで触らないこと。

③ 揚げている間、中温をキープする

高温で揚げると、表面の温度が急上昇し、急激に水蒸気量が増えて蒸気圧が高まるため、破裂しやすくなる。

④ 揚げ時間は約5分。揚げすぎに注意

長く加熱していると、その間タネの水分が水蒸気になり、衣に蒸気圧が絶えずかかるため破裂しやすくなる。衣がきつね色になったら網に上げて。

冷凍せずそのまま揚げる場合は

揚げる前にタネをしっかり冷ますことが大事。タネに熱が残っていると、揚げている間にタネの温度が必要以上に上がりすぎ、水蒸気が多く発生して破裂の原因に。急いでいるときは金属製のバットにタネを並べ、冷蔵庫で冷やしても◎。

コロッケが油っぽくなる原因は？

温度が低いと油を吸ってしまう。揚げている間は中温を保って。泡が小さく、音が静かなのは低温の状態。写真のようにコロッケを一度に多く入れていないか、火が弱くなっていないか確認を。

餃子

冷凍してもくっつかず、

パリッと焼ける

おいしい餃子を作る3つの秘策

1

厚めの皮を選ぶこと。具の水分が染み出しにくくなる。

2

野菜少なめ、ひき肉多めにすること。水分が出やすい野菜を減らし、水分で皮がふやけて冷凍時にくっつくことを防ぐ。肉を多くすることでほどよいジューシーさに。

3

具の仕上げに片栗粉を加えること。片栗粉が野菜の水分を閉じ込めるので、水分が皮に染み出しにくくなる。

【材料】(2人分)

豚ひき肉 … 400g

白菜 … 400g(約⅛株)

ニラ … 80g(約⅘束)

長ねぎ … ⅓本

餃子の皮(厚めのもの) … 50枚

A
| しょうゆ … 大さじ1
| 酒 … 大さじ1
| オイスターソース … 小さじ1
| しょうが(すりおろし) … ½片分
| にんにく(すりおろし) … ¼片分
| 塩・こしょう…各少々

ごま油…大さじ1と½

片栗粉…小さじ4

1つのひだもOK！簡単な包み方

ひだを真ん中に1つ作る、簡単な包み方も。まとめて大量に作るときにもおすすめ。

【冷凍方法】

1. 白菜は幅15cm程度に切ってさっとゆで、ザルに上げる。冷めたら5mm角程度のみじん切りにし、水気をしっかり絞る。ニラは5mm幅に切り、長ねぎはみじん切りにする。

2. ボウルにひき肉と**A**を入れ、全体をよく混ぜ合わせる。

3. 2に白菜を加え混ぜる。その後ニラと長ねぎも加えて混ぜる。

4. 3に片栗粉とごま油を加えて混ぜる。

5. 餃子の皮の周囲に指先で水を塗り、4の具を小さなヘラやスプーンの背などで押さえつけるようにのせる。ひだを寄せながら包み、残りも同様に包む。

6. バットにラップを敷き、餃子をくっつかないように並べる。ラップをかけて冷凍する。
ひと晩ほど置いて、しっかり凍ったら冷凍用保存容器に移し、ふたをして冷凍。

これで冷凍庫にイン！

餃子

解凍

【調理方法】

1. 冷たいままのフライパンに薄くサラダ油を引き、冷凍餃子を並べる。

2. 強火にかけてすぐに餃子の高さの¼強まで湯を入れ、ふたをする。沸騰したら中火にし、10分蒸し焼きにする(冷凍せず焼く場合は5～6分)。加えるのは水より湯がベター。水分が早く蒸発し、パリッと焼ける。

3. ふたを外し、水が残っていたら中火のまま水分を飛ばす。ごま油小さじ1と½程度をフライパンの鍋肌から回し入れ、餃子の底面がきつね色になるまで焼く。

4. 焼き目が見えるように皿に盛る。

パリッと焼くためのコツ

☐ 冷たいフライパンに餃子を並べてから火をつける

☐ 焼き目はつけずに、湯を入れて蒸し焼きにする

☐ 水分を飛ばしてからごま油を回し入れて、焼き目をつける

冷凍餃子でアレンジレシピ

餃子入り酸辣湯（サンラータン）

酸辣湯以外では、コンソメやトマトスープにも
意外にマッチ。ぜひ試してみて。

【材料】（2人分）
冷凍餃子…6個
しいたけ（薄切り）…1枚分
長ねぎ（斜め切り）…5cm分
赤唐辛子（輪切り）…½本分
溶き卵…½個分
水…2カップ
中華だし（顆粒）…小さじ¼
しょうゆ…小さじ2
こしょう…少々
水溶き片栗粉…（水小さじ4＋片栗粉小さじ2）
ごま油…小さじ½
酢…大さじ1
ラー油（好みで）…少々

【作り方】
1. 鍋に分量の水と中華だしを入れて強火で煮立て、凍ったままの餃子、しいたけ、長ねぎを入れてふたをし、再度沸騰したら弱火にして7〜8分煮る。
2. しょうゆ、赤唐辛子、こしょうを加え、水溶き片栗粉でとろみをつける。
3. 溶き卵を回し入れ、酢、ごま油を加え、器に盛って好みでラー油をかける。

卵とじ餃子丼

餃子だけでは物足りない……
そんな日にぴったりな、アレンジ丼。

【材料】（2人分）
冷凍餃子…6個
キャベツ（大きめの短冊切り）…3枚分
だし汁…½カップ
みりん…小さじ2
しょうゆ…小さじ2
塩…少々
溶き卵…2個分
ごはん…丼2杯分

【作り方】
1. フライパンにだし汁、みりん、しょうゆ、塩を入れて強火で煮立て、キャベツ、凍ったままの餃子を加え、ふたをして中火から弱火で8〜9分煮る。
2. 溶き卵を回し入れ、ふたをして火を止める。好みのかたさになったら丼に盛ったごはんにのせる。

完成冷凍で

自家製「冷凍食品」をストック

たくさん作って
冷凍しておこう

完成冷凍のメリット

完成冷凍って?

調理したおかずの一部、または全部を冷凍用保存容器などに入れて冷凍しておく方法。調理する時間や気力がない日に、解凍するだけで食卓に出せる!

余裕のある日に多めに作って準備

時間や気力に余裕のある週末などに、主菜を多めに作っておこう。またはストック用として調理しよう。まるで自家製の「冷凍食品」のよう。

お弁当おかずにも

一部のおかずは(各ページに記載)、お弁当にも活用できる。朝、レンチン解凍して冷ましてからお弁当に詰めるだけで完成。

物足りないときの「もう1品」に

おかずの量が少なくて「もう1品ほしい」という日も、この完成冷凍があればすぐに食卓に1品プラスできる。

本格煮込み料理をレンジで

ソースもおいしいので、バゲットと一緒に召し上がれ

鶏肉のトマト煮

【材料】（2人分）

鶏もも肉…1枚（280g）※鶏むね肉でも可

塩・こしょう・小麦粉…各適量

玉ねぎ…½個

にんにく…1片

しめじ…1パック

A
| トマト缶（カットタイプ）…½缶（200g）
| コンソメ（顆粒）…小さじ1
| オリーブ油…小さじ2

砂糖…小さじ½

ピザ用チーズ…40g

パセリ（あれば・みじん切り）…少々

【作り方】

1. 鶏肉は4〜5㎝角に切り、塩、こしょうをふり、小麦粉をまぶす。

2. 玉ねぎ、にんにくはみじん切りにする。

3. しめじは石づきを除いて小房に分ける。

4. 耐熱ボウルにA、2を入れて混ぜる。さらに1を並べるように入れ、液にしっかり浸す。

5. 4のボウルにふんわりとラップをして電子レンジ（500W）で6分加熱する。

6. 電子レンジから一度取り出して混ぜ、3を加える。ふんわりとラップをしてさらに4分加熱し、混ぜる。加熱具合を見て、肉に火が通っていないようなら10秒ずつ追加で加熱する。肉に火が通ったら取り出して塩、こしょう各少々、砂糖で味を調え、ピザ用チーズをのせ、余熱で溶かす。

7. 器に盛り、パセリをちらす。

 冷凍　しっかり冷まして1食分ずつ冷凍用保存容器に入れ、ふたをして冷凍する。

 解凍　冷凍用保存容器のふたをずらし、電子レンジで様子を見ながら加熱する。お弁当にもよい。

鶏肉の
さっぱり煮

鶏肉を一度取り出して混ぜれば、ムラがなく、
味も均一に!

【材料】(2人分)

鶏もも肉…1枚(280g) ※鶏むね肉でも可

塩・こしょう・片栗粉…各少々

チンゲン菜…1株

A
ポン酢しょうゆ…大さじ3
水…大さじ3
砂糖…小さじ1
しょうが(千切り)…1片分

ごま油…小さじ1

【作り方】

1. 鶏肉は4〜5cm角に切り、塩、こしょうをふり、片栗粉をまぶす。

2. チンゲン菜は縦4つ割りにし、ラップで包んで電子レンジ(500W)で1分30秒加熱する。冷水にとり、水気を絞り、器に盛る。

3. 耐熱ボウルにAを入れて混ぜ、1を加える。

4. 3のボウルにふんわりとラップをして電子レンジ(500W)で5分加熱する。

5. 電子レンジから一度取り出し、ごま油を加えて混ぜ、ふんわりとラップをしてさらに2分加熱する。加熱具合を見て、肉に火が通っていないようなら10秒ずつ追加で加熱する。2の器に盛る。

 冷凍 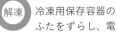 しっかり冷まして1食分ずつ冷凍用保存容器に入れ、ふたをして冷凍する。

解凍 冷凍用保存容器のふたをずらし、電子レンジで様子を見ながら加熱する。お弁当にもよい。

チキンソテー
のねぎ塩だれ

レモン香る風味豊かな
ねぎ塩だれに、箸が進む

【材料】(2人分)

鶏もも肉…1枚(280g)
　※鶏むね肉でも可

塩・こしょう…各少々

長ねぎ…2/3本

しょうが…1片

レモン…1/2個

サラダ油…小さじ2

A
酒…大さじ1
砂糖…小さじ1
塩…小さじ1/5
こしょう…少々

ごま油…少々

【作り方】

1. 鶏肉は厚みのある部分に切り込みを入れ、塩、こしょうをふる。

2. 長ねぎは粗みじん切りにする。しょうがはみじん切りにする。レモンは皮をよく洗ってから、飾り用に5mm厚さの輪切り1枚分をさらに半分に切り、残りは果汁を搾る。

3. フライパンにサラダ油を入れて中火で熱し、1の皮目を下にして3分ほど焼く。焼き色がついたら裏返し、ふたをして弱火で2分ほど焼く。粗熱がとれたら、食べやすく切って器に盛る。

4. 3のフライパンに長ねぎ、しょうがを加えて中火で炒める。しんなりしたら合わせたAを加えてさっと混ぜ、2のレモン汁、ごま油を加えて混ぜる。

5. 4を3にかけ、2のレモンを飾る。

 冷凍 しっかり冷まして1食分ずつ冷凍用保存容器に入れ、ふたをして冷凍する。

 解凍 冷凍用保存容器のふたをずらし、電子レンジで様子を見ながら加熱する。お弁当にもよい。

多めに作って冷凍しよう

鶏ハム

まいたけの酵素でジューシーに!

刻んだまいたけをプラス

パサつきがちな鶏むね肉は、右の作り方1のように刻んだまいたけと合わせると、まいたけに含まれるタンパク質分解酵素が肉をやわらかくするため、しっとりジューシーな鶏ハムに仕上がる。また、肉を砂糖と塩で漬け込み、次の工程で塩抜きすることで臭みも一緒に抜くことができる。この工程で肉の水分が外に出されるため、微生物が繁殖しにくくなり、保存性も高まる。

【材料】（鶏ハム2本分）

鶏むね肉…2枚（約500g）
まいたけ（みじん切り）…大さじ2
ローリエ…2枚
A ┌ 砂糖…大さじ2
　├ 塩…大さじ1
　└ こしょう…小さじ½
粗びき黒こしょう（好みで）…適量

【作り方】

1. ポリ袋に鶏肉、合わせた**A**を入れ、袋の上から手で揉む。全体がなじんだらローリエとまいたけを加え、ポリ袋の口を結んで冷蔵庫で24時間置く。

2. 1を袋から出して洗い、水に浸して冷蔵庫で2時間塩抜きする。途中で1〜2回水を替える。

3. ペーパータオルで鶏肉の水分を拭き取る。ラップを広げ、鶏肉の皮をピンと伸ばすようにして皮を下にして置き、ラップで手前から奥に向かって、ぎゅっときつく巻いていく（写真❶）。

　　皮が重なる部分がないように注意。

4. 左端をねじって結び、できた結び目に向かって肉をぎゅっと寄せる。

　　できるだけラップのたるみをなくす（写真❷）。

5. 肉を立てて筒状に成形し、右端も空気が入らないようにねじって結ぶ。両端を短く切る。

　　結んだ左端を下にして立てると、成形しやすい（写真❸）。

6. 鍋に湯を沸かし、沸騰したら5を入れ、再沸騰したら湯がふつふつとなるくらいの火加減で10分

ゆでる。湯に入れる前に肉を指で押し、生肉のやわらかさを覚えておく。

　　鍋はラップの端が側面につかない大きさで、鶏肉にしっかり湯がかぶる深さのあるものに。

7. 10分たったら肉を菜箸で押し、生肉と比べてかたくなり、生肉のぷよぷよとした感じがなくなっていたら火を止める。まだやわらかければ、様子を見ながらかたくなるまでゆでて火を止める。

8. 鍋の中で冷まし、粗熱をとる。触れられるくらいになったら取り出し、ラップを外してペーパータオルで水気を拭き取る。すぐに食べる分は好みの厚さにスライスする。

| パストラミ風にアレンジ | 3でラップで包む前に、鶏肉に粗びき黒こしょうをふって、パストラミ風にしてもおいしい。  |

| 火の通りを確かめる方法 | 鶏むね肉250g分の鶏ハム1本の場合、10分がゆで時間の目安。同じ鍋で同時にもう1本ゆでる場合も10分のまま。10分たったら菜箸で肉を押してみて、生肉と比べてかたくなり、生肉のぷよぷよとした感じがなくなっていたら火が通っているサイン。  |

 冷凍 鶏ハムを3〜4等分のブロックにしてラップで包み、冷凍用保存袋に入れて袋の口を閉じ、冷凍する。鶏ハムはある程度かたまりで冷凍した方がパサつきにくい。

 解凍 電子レンジの解凍モードを使用する。ない場合は様子を見ながら加熱。その後、好みの厚さにスライスする。お弁当にもよい。

コチュジャンベースの
甘辛だれが絡んだチキン

鶏ささみのヤンニョムチキン

人気の韓国料理をささみで！

【材料】（2人分）

鶏ささみ…4本（約200g）
酒…小さじ2
砂糖…小さじ1/2
塩・こしょう…各少々
片栗粉…適量
揚げ油…適量

A
コチュジャン…大さじ1
トマトケチャップ…大さじ1/2
砂糖…大さじ1/2
しょうゆ…小さじ1
酢…小さじ1
韓国唐辛子
　…小さじ1〜2 ※ない場合は一味唐辛子少々
にんにく（すりおろし）…小さじ1/2（チューブ可）
しょうが（すりおろし）…小さじ1/2（チューブ可）

いりごま（白）…小さじ1
レタス（あれば）…適量
きゅうり（あれば）…適量

【作り方】

1. ささみは筋があれば取り除いて3等分の斜め切りにする。酒、砂糖をふり、手でなじませ、10分ほど置く。

2. ボウルにAを入れて混ぜ、ふんわりとラップをして電子レンジ（500W）で30秒加熱する。

3. 1の水気をペーパータオルで拭き取る。塩、こしょうをふり、片栗粉をまぶす。

4. フライパンに揚げ油を深さ1cmほど入れて170℃に熱する。3を両面がきつね色になるまで揚げ焼きにする。

5. 2に4を入れて絡め、器に盛り、ごまをふる。食べやすくちぎったレタス、ピーラーでリボン状にスライスしたきゅうりを添える。

パサつかせず、やわらかく仕上げるコツ

パサつきやすいささみは、加熱前に少量の酒と砂糖をふるのがおすすめ。砂糖の保水性と、酒の臭いを消して素材をやわらかくする働きで、しっとり仕上がり冷めてもやわらか！

冷凍　しっかり冷まして1食分ずつ冷凍用保存容器に入れ、ふたをして冷凍。

解凍　冷凍用保存容器のふたをずらし、電子レンジで様子を見ながら加熱する。お弁当にもよい。

鶏ささみの マヨネーズ チーズ焼き

オーブントースターで焼くだけで簡単。
子どもも喜ぶ!

【材料】（2人分）
鶏ささみ…4本（約200g）
酒…小さじ2
砂糖…小さじ½
塩・こしょう…各少々
ピザ用チーズ…40g
マヨネーズ…大さじ2
パセリ（またはドライパセリ）…適量

【作り方】
1. ささみは筋があれば取り除いて3等分のそぎ切りにする。酒、砂糖をふり、手でなじませ、10分ほど置く。
2. 1の水気をペーパータオルで拭き取り、アルミホイルを敷いた天板に並べ、塩、こしょうをふる。
3. 2にピザ用チーズ、マヨネーズの順にのせ、オーブントースターで焼く。ささみに火が通り、マヨネーズにこんがり焼き色がついたら（200℃で6～7分が目安）取り出してみじん切りにしたパセリをちらす。

 冷凍 しっかり冷まして1食分ずつ冷凍用保存容器に入れ、ふたをして冷凍する。

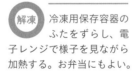 解凍 冷凍用保存容器のふたをずらし、電子レンジで様子を見ながら加熱する。お弁当にもよい。

鶏ささみの 梅しそのり巻き

梅干しの酸味とのりの風味が、
ささみの淡白な味と相性ぴったり

【材料】（2人分）
鶏ささみ…4本（約200g）
酒…小さじ2
砂糖…小さじ½
塩・こしょう…各少々
梅干し…大2個
小麦粉…少々
焼きのり…½枚
大葉（あれば）…適量

【作り方】
1. ささみは筋があれば取り除いて真ん中に切り込みを入れて開く。酒、砂糖をふり、手でなじませ、10分ほど置く。
2. 梅干しは種を除いてちぎる。
3. 1の水気をペーパータオルで拭き取る。塩、こしょうをふり、小麦粉をまぶし、2を挟む。
4. 3を耐熱皿に並べ、ふんわりとラップをして電子レンジ（500W）で2分10秒加熱し、そのまま冷ます。
5. 4の粗熱がとれたら斜め半分に切り、さらに8等分に切った焼きのりで巻く。大葉を敷いた器に盛る。

 冷凍 しっかり冷まして1食分ずつ冷凍用保存容器に入れ、ふたをして冷凍する。

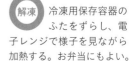 解凍 冷凍用保存容器のふたをずらし、電子レンジで様子を見ながら加熱する。お弁当にもよい。

手羽元の
カリカリ焼き

シンプルな味つけに、
ハーブがほんのり香る

【材料】(2人分)
鶏手羽元…6本
塩・こしょう…各少々
じゃがいも…2個
オリーブ油…大さじ3
にんにく(薄切り)…2片分
ローズマリー…2枝
粒マスタード…適量

【作り方】
1. 手羽元は骨に沿って切り込みを入れ、左右に開く（p19参照）。塩、こしょうをふる。
2. じゃがいもはラップで包み、電子レンジ(500W)で6分加熱する。熱いうちに皮をむいて縦6等分に切り、塩、こしょうをふる。
3. フライパンにオリーブ油を入れて中火で熱し、1、2を並べ、にんにく、ローズマリーも加えて焼く。にんにく、ローズマリーは途中で焦げるようなら取り出す。
4. ときどき転がしながら全面がカリカリになるまで8分ほど焼いたら器に盛り、粒マスタードを添える。

冷凍 粗熱がとれた手羽元を食べやすい量ずつラップで包み、冷凍用保存袋に入れる。空気を抜いて袋の口を閉じ、冷凍庫で保存する。

解凍 電子レンジ(500W)で、2本分(約100g)につき1分30秒加熱する。お弁当にもよい。

手羽元の
BBQチキン

フライパンの代わりにオーブンや
魚焼きグリルで焼いてもOK!

【材料】(2人分)
鶏手羽元…6本
塩・こしょう…各少々
オリーブ油…小さじ2
A
トマトケチャップ…大さじ1
とんかつソース…大さじ1
しょうゆ…小さじ1
砂糖…小さじ1
白ワイン(または酒)…大さじ1
にんにく(すりおろし)…1片分(チューブ可)

【作り方】
1. 手羽元は骨に沿って切り込みを入れ、左右に開く（p19参照）。塩、こしょうをふる。
2. フライパンにオリーブ油を入れて中火で熱し、1を焼く。ときどき転がしながら全面に焼き色がつくまで8分ほど焼き、合わせたAを加え煮絡める。
3. 器に盛り、好みでスティック状にカットしたセロリ適量(分量外)を添える。

冷凍 粗熱がとれた手羽元を食べやすい量ずつラップで包み、冷凍用保存袋に入れる。空気を抜いて袋の口を閉じ、冷凍庫で保存する。

解凍 電子レンジ(500W)で、2本分(約100g)につき1分30秒加熱する。お弁当にもよい。

手羽先の煮物

保存 1ヶ月

鶏肉の旨みを吸った大根が
しみじみおいしい

【材料】（2人分）

鶏手羽先…6本
しょうが（薄切り）…3〜4枚
大根…8cm（約300g）
ゆで卵…2個

A
水…600mℓ
酒…大さじ3

B
みりん…大さじ3
しょうゆ…大さじ1と½
塩…小さじ½

練りがらし（好みで）…適量

【作り方】

1. 手羽先は裏側に切り込みを入れる（下写真）。
2. 大根は2cm厚さの輪切りにし、面取りして片面に十文字の切り込みを入れる。ゆで卵は殻をむく。
3. 鍋にA、1、しょうがを入れ、中火にかける。沸騰したらアクを除いて大根を加え、5分ほど煮る。
4. B、ゆで卵を加え、さらに10分ほど煮る。
5. ゆで卵は好みで半分に切ってから4を器に盛り、からしを添える。

冷凍 汁気を切った手羽先を1食分ずつラップで包んで冷凍するか、煮汁ごと冷凍用保存容器に入れて冷凍する。

解凍 電子レンジ（500W）で、2本分（約100g）につき1分50秒加熱する。

切り込みを入れると食べやすい

手羽先の皮があまりついていない面の骨に沿って切り込みを1本入れておくと、火の通りもよくなり、食べやすくなる。

手羽先の甘辛焼き

保存 1ヶ月

フライパン1つで簡単!
食欲をそそる定番料理

【材料】（2人分）

鶏手羽先…6本
塩・こしょう…各少々
小麦粉…適量
ししとう…6本
サラダ油…小さじ2

A
しょうゆ…大さじ1
みりん…大さじ1
酒…大さじ1
砂糖…大さじ½

いりごま（白）…適量

【作り方】

1. 手羽先は裏側に切り込みを入れる（「手羽先の煮物」の写真参照）。軽く塩、こしょうをふり、小麦粉をまぶす。
2. ししとうは加熱したときに破裂しないよう、刃先で1ヶ所切り込みを入れておく。
3. フライパンにサラダ油を入れて弱めの中火で熱し、1の切り込みを入れていない方の面を下にして並べ、5分ほど焼く。
4. 焼き色がついたら裏返し、ししとうを加え、さらに4分ほどときどき転がしながら焼く。
5. 裏面にも焼き色がついたら合わせたAを加え、煮絡める。照りが出てきたら器に盛り、いりごまをふる。

冷凍 粗熱がとれた手羽先おかずを1食分ずつラップで包み、冷凍用保存袋に入れる。空気を抜いて袋の口を閉じ、冷凍庫で保存。

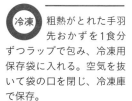

解凍 電子レンジ（500W）で、2本分（約100g）につき1分50秒加熱する。お弁当にもよい。

ポン酢しょうゆでさっぱりとどうぞ

電子レンジで簡単蒸し料理！

豚こまともやしの さっぱり蒸し

【材料】（2人分）

豚こま切れ肉…160g

塩・こしょう…各少々

もやし…1袋 ※根が気になれば取り除く

A　ポン酢しょうゆ…大さじ1
　　ごま油…小さじ1

青ねぎ（小口切り）…2〜3本分

ポン酢しょうゆ…大さじ1

【作り方】

1. 豚肉は大きいものがあれば食べやすい大きさに切り、塩、こしょうをふる。

2. 耐熱皿にもやしを敷き、その上に**1**を並べて**A**をかける。ふんわりとラップをして、電子レンジ（500W）で5分加熱する。肉の色が変わっていない場合は、様子を見ながら追加で加熱する。

3. 器に盛り、青ねぎをちらし、ポン酢しょうゆをかける。

 作り方**2**でしっかり冷まして1食分ずつ冷凍用保存容器に入れ、ふたをして冷凍する。

 冷凍用保存容器のふたをずらし、電子レンジで様子を見ながら加熱。作り方**3**で仕上げる。

豚こまと玉ねぎのスタミナ焼き

定番メニューのスタミナ焼き。
これなら簡単に味が決まる!

【材料】（2人分）
豚こま切れ肉…160g
塩・こしょう…各少々
玉ねぎ…½個
にんにく…1片
A｜焼き肉のたれ（市販品）…大さじ2
　｜酒…大さじ1
　｜豆板醤…小さじ1
ごま油…小さじ2

【作り方】

1. 豚肉は大きいものがあれば食べやすい大きさに切り、塩、こしょうをふる。玉ねぎは1㎝幅のくし形切りにする。にんにくは薄切りにする。
2. ボウルに1を入れ、Aを加えて混ぜる。
3. フライパンにごま油を入れて中火で熱し、2を3分ほど炒める。

 しっかり冷まして1食分ずつ冷凍用保存容器に入れ、ふたをして冷凍する。

 冷凍用保存容器のふたをずらし、電子レンジで様子を見ながら加熱する。お弁当にもよい。

豚こまとピーマンのオイスターソース炒め

ピーマンだけ先に炒めて取り出し
色と食感をキープ!

【材料】（2人分）
豚こま切れ肉…160g
塩・こしょう…各少々
ピーマン…3個
しょうが…1片
ごま油…小さじ1
サラダ油…小さじ2
A｜オイスターソース…小さじ2
　｜しょうゆ…小さじ1
　｜酒…小さじ1
　｜砂糖…小さじ1
　｜鶏がらスープの素（顆粒）…少々
　｜水…大さじ3
　｜塩・こしょう…各少々
水溶き片栗粉…水小さじ1＋片栗粉小さじ½

【作り方】

1. 豚肉は2㎝幅の細切りにし、塩、こしょうをふる。しょうがは千切りにする。
2. ピーマンは細切りにする。
3. フライパンにごま油を入れて中火で熱し、2をさっと炒め、一度取り出す。
4. 3のフライパンにサラダ油を入れて中火で熱し、1を炒める。肉の色が変わったら3を戻し入れ、さっと炒める。合わせたAを入れ、水溶き片栗粉を加えてとろみをつける。

 しっかり冷まして1食分ずつ冷凍用保存容器に入れ、ふたをして冷凍する。

冷凍用保存容器のふたをずらし、電子レンジで様子を見ながら加熱する。お弁当にもよい。

なすの豚肉巻き

豚バラ肉となすが好相性。
お弁当にもぴったり

【材料】（2人分）
なす…2本（約170g）
豚バラ薄切り肉…6枚（約120g）
マスタード…大さじ1
塩・こしょう・小麦粉…各少々
オリーブ油…小さじ2

【作り方】
1. なすはヘタを切り落として縦半分に切り、さらに縦3等分に切る。
2. 豚肉の片面にマスタードを塗って塩、こしょうをふり、小麦粉を薄くまぶす。1のなす2切れに対し、豚肉1枚を斜めに巻いていく。
3. フライパンにオリーブ油を入れて中火で熱し、2の巻き終わりを下にして並べる。下に焼き目がついたら、転がしながら全体に焼き色がつくまで焼く。

 しっかり冷まして1食分ずつラップで包み、冷凍用保存袋に入れ、空気を抜いて袋の口を閉じ、冷凍する。

解凍 電子レンジで様子を見ながら加熱する。お弁当にもよい。

ごぼうと豚肉のしぐれ煮風

リーズナブルな豚肉で作る、
和のほっとする味わい

【材料】（2人分）
ごぼう…1本（約35cm、120g）
しょうが…1片
豚バラ薄切り肉…100g
塩・こしょう…各少々

A
だし汁…½カップ
しょうゆ…大さじ1
みりん…大さじ1
砂糖…大さじ½

【作り方】
1. ごぼうはたわしで皮をこすってよく洗い、ささがきにする。切ったものから水にさらし、すべて切り終わったらザルに上げる。しょうがは千切りにする。
2. 豚肉は3～4cm幅に切り、塩、こしょうをふる。
3. 鍋にAを入れて中火にかけ、煮立ったら1、2を加え、弱火で7分ほど煮る。

 しっかり冷まして1食分ずつ冷凍用保存容器に入れ、ふたをして冷凍する。

 冷凍用保存容器のふたをずらし、電子レンジで様子を見ながら加熱する。お弁当にもよい。

#キャベツは蒸し煮して、甘みを引き出す

フライパン1つで完成。
オイスターソースで旨みたっぷり！

キャベツのそぼろ煮

【材料】（2人分）
キャベツ…¼個（約250g）
豚ひき肉…150g
しょうが（みじん切り）…1片分
サラダ油…小さじ2

A
　水…½カップ
　酒…大さじ1
　オイスターソース…小さじ2
　しょうゆ…小さじ1
　砂糖…小さじ½
　鶏がらスープの素（顆粒）…少々
　塩・こしょう…各少々

水溶き片栗粉…水大さじ1＋片栗粉大さじ½
ごま油…少々

【作り方】
1. キャベツは縦半分のくし形に切る。
2. フライパンにサラダ油を入れて弱火で熱し、しょうがを炒める。香りが立ったらひき肉を加えて中火で炒め、肉がパラパラになったら合わせたAで味つける。1を入れ、ふたをして弱火で10分ほど蒸し煮にする。
3. 一度火を止め、水溶き片栗粉を混ぜながら加える。中火にかけ、混ぜながらとろみをつけ、ごま油を回し入れる。

冷凍　しっかり冷まして1食分ずつ冷凍用保存容器に入れ、ふたをして冷凍する。

解凍　冷凍用保存容器のふたをずらし、電子レンジで様子を見ながら加熱する。

なすの豚肉巻き　ごぼうと豚肉のしぐれ煮風　キャベツのそぼろ煮

牛肉と玉ねぎの鉄板の組み合わせ

コチュジャンの味つけが食欲をそそる！

牛肉と玉ねぎの韓国風炒め

【材料】（2人分）

牛切り落とし肉…120g

※薄切り肉やこま切れ肉でも可

玉ねぎ…1個

A
酒…大さじ½
片栗粉…小さじ½

B
しょうゆ…大さじ1と½
酒…大さじ1
ごま油…小さじ1
コチュジャン…小さじ1
砂糖…小さじ1

ごま油…大さじ½

いりごま（白）…適量

【作り方】

1. 牛肉は食べやすい大きさに切り、**A**を揉み込む。

2. 玉ねぎは4等分に切って、1枚ずつにはがす。**B**は混ぜ合わせておく。

3. フライパンにごま油を入れて中火で熱し、**1**を炒める。肉の色が変わってきたら玉ねぎを加えて炒める。全体に油が回ったらふたをして弱火で3分蒸し焼きにする。

4. ふたを外して**B**を加え、中火でさっと炒める。

5. 器に盛り、いりごまをふる。

冷凍 しっかり冷まして1食分ずつ冷凍用保存容器に入れ、ふたをして冷凍する。

解凍 冷凍用保存容器のふたをずらし、電子レンジ（600W）で様子を見ながら1食分あたり3〜4分加熱する。お弁当にもよい。

保存
1ヶ月

手間がかかるので

冷凍向きレシピを
ご紹介！

ロールキャベツ

多めに作って冷凍が◎

【材料】（8個分）

キャベツ（内側の葉。丁寧にはがす）
　　…8枚

A
- 合いびき肉…400g
- 玉ねぎ（みじん切り）…¼個分
- しょうが（みじん切り）…1片分
- パン粉・牛乳…各大さじ3
　　※パン粉は牛乳に浸しておく
- 卵…1個
- 塩…小さじ⅓
- こしょう・ナツメグ…各少々

【スープ】

B
- 水…4〜5カップ
　　※鍋にロールキャベツをきっちり並べて、かぶるくらいの量
- コンソメ（固形）…1個
- トマトケチャップ…大さじ3
- ローリエ（あれば）…1枚

塩・こしょう…各少々

【作り方】

1. 鍋にたっぷりの湯を沸かし、塩少々（分量外）を入れ、キャベツを1分ほどゆでる。すぐに冷水にとり、ペーパータオルで水気を拭く。芯の太い部分は包丁で削ぐ。

2. ボウルにAを入れ、よく練り混ぜる。8等分して俵形に整える。

3. まな板に1を広げて小麦粉少々（分量外）をふる。キャベツの葉1枚につき2を1つずつのせる。

4. 手前（写真❶）、左側（写真❷）の順に折る。そのままくるくると巻き（写真❸）、最後に右側を肉ダネの中に押し込んで（写真❹）留める。

5. 鍋にロールキャベツをすき間なく並べ入れ、Bを加えて中火にかける。煮立ったらアクを除き、落としぶたをして弱火で15分ほど煮る。塩、こしょうで味を調える。

 冷凍　粗熱のとれたロールキャベツを冷凍用保存容器に1〜2個ずつ入れ、スープを注ぎ、ふたをして冷凍する。スープはロールキャベツがつかるぐらいの量が目安。足りない場合は、固形コンソメスープの素を湯に溶かして、注ぐといい。

 解凍　冷凍用保存容器のふたをずらして電子レンジ（600W）で2個（約260g＋スープ200ml）につき、10分加熱する。

ひと皿でタンパク質と
野菜がとれる◎

ポトフ

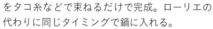
素材の旨みを味わう本格ポトフ

【材料】（4人分）

ウインナーソーセージ…8本

厚切りベーコン（ハーフサイズ）…6枚

玉ねぎ…1個

にんじん…1本

じゃがいも（メークインがよい）…2個

キャベツ…¼個

ブロッコリー…½株

サラダ油…小さじ2

A
水…7カップ
コンソメ（固形）…2個
ローリエ…1枚

塩・こしょう…各少々

粒マスタード（好みで）…適量

ブーケガルニでより本格的に！
ブーケガルニは肉などの臭みを消し、料理の風味をアップさせる。パセリの茎やローリエ、タイムなど好みのハーブ、またはセロリなどの香味野菜をタコ糸などで束ねるだけで完成。ローリエの代わりに同じタイミングで鍋に入れる。

鶏手羽元で旨みアップ
ポトフは鶏手羽元で作るのもおすすめ（この場合は、ベーコンかウインナーのいずれかでOK）。骨付きの鶏肉からだしがたっぷり出て、より旨みたっぷりのポトフに仕上がる。ベーコンと同様に焼いてから煮るといい。

【作り方】

1. ウインナーは格子に切り込みを入れる。ベーコンは4～5cm幅に切る。

2. 玉ねぎは4等分のくし形に切る。にんじんは半分の長さに切り、上部は縦4等分に、下部は縦半分に切る。キャベツは4等分のくし形に切る。

3. じゃがいもは芽を取り除いて皮をむき、半分に切り、水に5分ほどさらす。

4. ブロッコリーは小房に分け、茎はかたい部分の皮をむいて乱切りにする。

5. 鍋にサラダ油を入れて中火で熱し、ベーコンを両面焼く。

6. 5にAを加え、玉ねぎ、にんじん、キャベツ、じゃがいもを加える。

7. 煮立ったらアクを取り除き、ふたをして弱火で15分ほど煮る。

8. ウインナー、ブロッコリーを加え3分ほど煮る。

9. 塩、こしょうで味を調える。器に盛り、お好みで粒マスタードを添える。

冷凍
粗熱をとったポトフを1食分ずつ冷凍用保存容器に入れ、ふたをして冷凍する。じゃがいもは冷凍すると食感が変わりやすいので、取り除くといい。じゃがいもを冷凍するなら潰してから容器に加えて保存する。

解凍
冷凍用保存容器のふたをずらして電子レンジ（500W）で400g（1食分程度）につき7分加熱。不十分な場合は、一度混ぜてから、さらに1分ずつ様子を見つつ加熱。

魚肉ソーセージの
アメリカンドッグ

**ホットケーキミックスで作る、
お手軽メニュー**

【材料】（2人分）
魚肉ソーセージ…2本
ホットケーキミックス…50g
A｜溶き卵…¼個分
｜牛乳…50㎖
サラダ油…少々

【作り方】
1. 魚肉ソーセージは卵焼き器の幅に合わせて切る。切れ端の魚肉ソーセージは、そのまま食べたり、サラダなどに加えたりする。
2. ボウルに**A**を入れて泡立て器でよく混ぜ、ホットケーキミックスを加えて粉っぽさがなくなるまで混ぜる。
3. 卵焼き器にサラダ油少々を入れて塗り広げ、弱火で熱し、一度卵焼き器の底を濡れ布巾に5秒ほど当てて冷ます。再び弱火にかけ、**2**の半量を流し入れて、**1**の魚肉ソーセージひと巻き分の長さを目安に広げて焼く。巻くときに生地が重なる部分があると火が通りにくい。
4. 表面にプツプツと穴があいてきたら奥に**1**の1本をのせ、芯にしてくるくると巻く。転がしながらさらに4分ほど焼く。残りの1本も同様に焼く。
5. **4**を食べやすく切り分けて器に盛り、好みでトマトケチャップ、粒マスタード、パセリ各適量（各分量外）を添える。

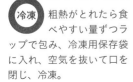 粗熱がとれたら食べやすい量ずつラップで包み、冷凍用保存袋に入れ、空気を抜いて口を閉じ、冷凍。

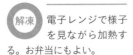 電子レンジで様子を見ながら加熱する。お弁当にもよい。

魚肉
ソーセージの
ジャーキー風

**レンチンだけで完成。
ビールやハイボールによく合う!**

【材料】（2人分）
魚肉ソーセージ…2本
粗びき黒こしょう…適量
七味唐辛子…適量

【作り方】
1. 魚肉ソーセージは半分の長さに切り、3～4mm幅の薄切りにする。
2. 耐熱皿にオーブンシートを敷き、**1**の半量を重ならないように並べ、粗びき黒こしょうをふる。ラップをせずに電子レンジ（500W）で2分30秒加熱する。一度取り出して裏返し、ラップをせずに電子レンジでさらに1分30秒加熱する。電子レンジから取り出して冷まし、乾燥させる。
3. 残りの半量は七味唐辛子をふり、同様に加熱する。

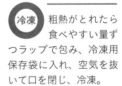 粗熱がとれたら食べやすい量ずつラップで包み、冷凍用保存袋に入れ、空気を抜いて口を閉じ、冷凍。

解凍 電子レンジで様子を見ながら加熱する。お弁当にもよい。

冷凍食材で代用OK!
豚肉×キャベツで鍋料理

家庭料理の定番食材であるキャベツと豚薄切り肉が主役の鍋料理をご紹介。
冷凍豚肉・冷凍キャベツでも作れるので、特売日や安価なスーパーに行ったときにまとめ買いして冷凍しておくと◎
忙しい平日やゆっくり過ごしたい週末の夜に、ぜひ活用して。

豚肉 × キャベツ の しゃぶしゃぶ

さっぱりした鍋が食べたい日にはこれ!
他の具材も切るだけで食卓の準備が完了するので、
忙しい日の夕食にもぴったり。

味変するなら 何を足す?	おすすめの シメは?
七味 唐辛子	うどん

【材料】（2人分）
豚ロースしゃぶしゃぶ用肉
　…200g
キャベツ（1㎝幅の細切り）
　…½個分（約500g）
長ねぎ（斜め薄切り）…½本分
豆腐（4等分に切る）…½丁
しめじ（石づきを除いて小房に分ける）
　…½パック
しらたき（アクを抜いてざく切り）
　…½パック（約100g）

A
　水…3カップ
　酒…大さじ2
　和風だし（顆粒）…小さじ1
　しょうが（薄切り）…1片分
　塩…少々

ポン酢しょうゆ…適量

【作り方】
1. 鍋にAを入れ、中火にかける。煮立ったら具材を適宜入れ、さっと煮てポン酢しょうゆにつけて食べる。

豚の
こま切れ肉・
薄切り肉
の冷凍方法
∨
p9参照

キャベツ
の冷凍方法
∨
p77参照

豚肉 × キャベツ の もつ鍋風

にんにくと赤唐辛子が効いた、食欲そそるもつ鍋風のレシピ。
豚肉とキャベツがたっぷり食べられるので、満足度も十分。
鶏がらベースのスープもおいしいので、
シメまでしっかり楽しむことを忘れないで。

味変するなら
何を足す？

**豆板醤・
コチュジャン**

おすすめの
シメは？

中華麺

【材料】（2人分）
豚バラ薄切り肉
　（10cm幅に切る）…200g
キャベツ（ざく切り）
　…1/2個分（約500g）
もやし…1袋
※根が気になれば取り除く
ニラ（5〜6cm幅に切る）…1束分

A
- 水…3カップ
- しょうゆ…大さじ2
- みりん…大さじ2
- 酒…大さじ2
- 鶏がらスープの素（顆粒）
  …小さじ1
- にんにく（薄切り）…3片分
- 赤唐辛子（種を除く）…3本
- 塩…小さじ1/4
- こしょう…少々

【作り方】
1. 鍋にAを入れ、中火にかける。煮立ったら豚肉、キャベツ、もやしを加えて煮る。
2. 豚肉に火が通ったらニラを加え、さっと煮る。味をみて、薄いようなら塩、こしょうで味を調える。煮汁が少なくなってきたら、水（分量外）を適宜足す。

豚肉 × キャベツ の
ミルフィーユ鍋

白菜のイメージが強いミルフィーユ鍋だが、キャベツでもおいしい。
キャベツの形を崩さずに鍋に並べ、
豚肉を間に挟み込むようにすると、きれいに仕上がる。
冷凍豚肉、冷凍キャベツを使う場合は挟み込まず、重ねて入れる。

**味変するなら
何を足す?**
→
粒
マスタード

**おすすめの
シメは?**
→
ごはん＋ピザ用チーズで
リゾット風

【材料】（2人分）
豚バラ薄切り肉
　（5〜6cm幅に切る）…200g
キャベツ
　（くし形に切り、芯を取り除く）
　…½個分（約500g）
塩・粗びき黒こしょう…各少々

A
｜水…2カップ
｜白ワイン…大さじ2
｜にんにく（薄切り）…2片分
｜コンソメ（顆粒）…小さじ1と½
｜塩…小さじ½
｜粗びき黒こしょう…少々

青ねぎ（小口切り）…4〜5本分

【作り方】
1. 豚肉は両面に塩、こしょうをふる。
2. キャベツは切り口を上にして鍋に並べる。豚肉を挟むため、キャベツはぎゅうぎゅうに詰めないように並べる。
3. 2のキャベツの間に、1を挟むようにして入れる。
4. 合わせたAを入れ、ふたをして中火にかける。煮立ったら弱火で6〜8分煮る。
5. 豚肉に火が通り、キャベツがしんなりしたら、青ねぎをちらす。味をみて、薄いようなら塩、こしょうで味を調える。

副菜の冷凍保存

冷凍しておいた
野菜が大活躍！

野菜の冷凍＆解凍の基本

野菜の冷凍＆解凍 5つのポイント

point 1
食材を薄く平らにし、効率よく急速冷凍

薄く広げれば短時間で食材が凍る。氷の結晶が小さいままなので細胞壁の破壊を最小限に抑えられる。解凍が早くなり、使う分だけ手で折って使えるメリットも。

point 2
金属製バットなどに食材を並べて冷凍

アルミやステンレスなど熱伝導のよい金属製のバットにのせて冷凍すると、冷凍までの時間を短縮できる。ラップの上からアルミホイルで包んでも◎。

point 3
空気を遮断し、食材を乾燥から守る

冷凍庫内はとても乾燥している。ラップで包んでから冷凍用保存袋に入れたりしてなるべく真空状態にすると、食材から水分が蒸発することを防げる。

point 4
粗熱をとり、水気を拭き取って霜を防ぐ

熱いまま冷凍すると結露で霜ができるうえ、他の冷凍食材の劣化にもつながる。余分な水分も霜の原因になるので、野菜の水気を拭いてから冷凍を。

point 5
解凍時は凍ったまま加熱調理がおすすめ

冷凍野菜は冷凍庫から出してすぐに凍ったまま加熱調理を。解凍後に生で食べられる野菜は流水解凍か冷蔵庫解凍がベスト。常温では野菜の水分が出て食感が悪くなる。

冷凍に不向きな野菜

水分の多い野菜

トマト、レタスなど
凍結時に氷の結晶が大きくなるため食感が変化する。

繊維質の野菜

にんじん、ごぼうなど
解凍したときに繊維のまわりの組織が空洞化し、筋っぽい感じが強くなる。

工夫すれば冷凍できる！

トマトの冷凍方法 ＞ p64をチェック

にんじんの冷凍方法 ＞ p79をチェック

レタスの冷凍

買ったらすぐ使わない分を冷凍。洗ってちぎったレタスを冷凍用保存袋に入れ、アルミホイルで包むと早く冷凍できる。3週間程度保存可能。解凍時は、スープや味噌汁などの汁物、炒め物、蒸し物などで、凍ったまま加熱して調理する。

ごぼうの冷凍

炒めてから冷凍すると◎。洗ったごぼうをささがきや千切りにしてさっと水にさらし、水分をよく拭き取る。サラダ油で軽く炒め、冷まして1回分ずつラップで包んで、冷凍用保存袋へ。金属製バットに置き、上に保冷剤をのせて冷凍。1ヶ月程度保存可能。解凍時は凍ったまま汁物、炒め物、鍋料理などに加えて加熱調理する。

下処理はどこまでする？

凍ったまま調理する場合が多いので、皮をむく、土を落とすなどの下処理は済ませて冷凍しよう。用途に合わせて切り、使う量ごとに小分けしてラップで包むとなお便利。ほうれん草や小松菜など加熱が必要な野菜は、余裕があればかために下ゆでしてから冷凍すると、解凍後に彩りや風味を保つことができる。

野菜は丸ごと買って、新鮮なうちに下処理して冷凍するとよい。丸ごとのキャベツや大根などは鮮度がよく、価格も割安。購入した日に下処理して冷凍すれば、日々の食事作りが時短になる。

（ 余りがちな薬味野菜は冷凍が便利 ）

保存
2週間

青ねぎ

青ねぎを流水で洗って根を切り落とし、ペーパータオルで水気を拭いて小口切りに。冷凍用保存容器に入れ、ふたをして冷凍する。

しょうが

しょうがは洗って皮ごとすりおろす。軽く絞ってラップの上に大さじ2～3を置き、スプーンの背などで平らに広げ、ラップで包む。冷凍用保存袋に入れて空気を抜いて密封し、冷凍。凍ったまま必要な分だけ折って使う。折ってから保存容器に入れておくと、より使いやすい。

大葉

大葉は流水で洗い、ペーパータオルで水気を拭いてから千切りにし、冷凍用保存容器にふんわりと入れ、ふたをして冷凍する。

みょうが

みょうがは流水で洗ってペーパータオルで水気を拭き、縦半分に切ってから小口切りに。冷凍用保存容器に入れ、ふたをして冷凍する。

パセリ

パセリは流水で洗い、ペーパータオルで水気を拭いて、葉と茎に分ける（茎はスープやポトフなどに加えるとよい）。冷凍用保存袋にパセリの葉を入れ、空気を抜いて密封し、冷凍する。

生でも冷凍でも！
トマトのおかず

トマトの冷凍&解凍方法

下処理いらず、生のままで保存OK。
使い勝手がよいのは皮付きのまま、切って冷凍する「ざく切り冷凍」。
面倒なら「丸ごと冷凍」でもOK!

丸ごと冷凍

トマトは皮付きのまま、ヘタ
をくりぬいて取り除く。ヘタ
のまわりに包丁の刃先でぐる
りと切り込みを入れるとよい。
冷凍用保存袋に入れ、空気を
抜いて冷凍。

流水でツルンと皮むき

凍ったまま流水に当て
るだけで、皮がツルン
とはがれる。半解凍状
態になり包丁の刃が入
りやすくなる。ただし
包丁が滑りやすいので
注意して。

ざく切り冷凍

ヘタを取り除き、皮付きのままざく切りに。冷凍用
保存袋に重ならないように入れ、空気を抜いて薄く
して冷凍する。

旨みを守る方法

種とゼリー状の部分に
酸味と旨みがあるので
取り除かないで。ただ
し水分が多すぎると霜
の原因になるので、ま
な板に染み出た水分は
入れない。

解凍

丸ごと冷凍したトマトは、p64のように流水で半解凍し、好みの大きさに切って必ず加熱調理。ざく切りで冷凍したトマトは、いつもの炒め物などに凍ったまま使用。こちらも必ず加熱調理すること。生のトマトに比べて水分が出やすいため、調理後すぐに食べる。

ミニトマトの場合

ヘタを取って冷凍

ミニトマトは洗ってからヘタを取り除く。ミニトマトのヘタのつけ根はやわらかいので、普通のトマトのようにくりぬく必要はない。その後、冷凍用保存袋に重ならないように入れ、空気を抜いて冷凍する。Mサイズの冷凍用保存袋1枚あたり、ミニトマト15〜20個分が目安。使うときは必要な個数だけを取り出す。

ごはんにかけて、トマトカレーにするのもおすすめ

トマトのカレー和え

【材料】（2人分）
トマト（ヘタを除く）…2個（400g）
バター…大さじ1
カレールウ（フレーク）
　　…大さじ1（10g）
水…大さじ1

【作り方】

1. トマトは6等分のくし形切りにする。
2. バターを溶かしたフライパンに**1**を入れて両面をさっと焼き、フライパンの端に寄せる。
3. **2**に水を加え、カレールウをふり入れて溶かし、全体に絡める。

冷凍トマトを使う場合

作り方**1**で、丸ごとの冷凍トマトを流水に1〜2分程度当てて半解凍状態にし、6等分のくし形切りにする。その後は同じ。

トマトは焼くと甘みがグンとアップ

トマトの冷製おでん

煮込んでから冷やすことで、
味がぐっと染み込む

トマトの酸味でさっぱり美味

【材料】（2人分）
トマト（ヘタを除く）…2個（400g）

A
┃ だし汁…3カップ
┃ しょうゆ…大さじ1
┃ 塩…小さじ1
┃ みりん…大さじ2

【作り方】

1. 鍋にAを入れて火にかけ、ひと煮立ちしたらトマトを加え、落としぶたをして10分程度煮込んで火を止める。
2. 粗熱がとれたら煮汁ごと器などに移し、冷蔵庫で30分〜1時間冷やす。

冷凍トマトなら

ひと煮立ちしたAに丸ごと冷凍トマトを凍ったまま加え、落としぶたをして8分程度煮込んで火を止める。そのまま20〜30分程度置いて解凍しながら味を染み込ませる。放置すると劣化につながるため、すぐに食べる。

トマトのしょうが味噌

豆腐にかけて、変わり冷奴にも。
ビールのつまみに◎

ごはんのおともにぴったり

【材料】（2人分）
トマト（ヘタを除いてざく切り）
　…2個分（400g）
しょうが（みじん切り。冷凍でも可）
　…2片分
ごま油…小さじ2

A
┃ 味噌…大さじ1
┃ 砂糖…小さじ2

【作り方】

1. ごま油を熱したフライパンにしょうがを入れて炒め、香りが立ったらトマトを加えて炒め合わせる。
2. Aを合わせて加え、煮絡める。

冷凍トマトなら

ごま油を熱したフライパンにしょうがを入れて炒め、香りが立ったら凍ったままのざく切りトマトを加える。解凍されたトマトから水分が出てきたらAを合わせて加え、煮絡める。

ミニトマトの ピクルス

さっとゆでることで皮が弾けて味がなじむ

ピリッと大人な味わい

【材料】（2人分）

ミニトマト（ヘタを除く）…1パック分（10〜12個）

A
酢…½カップ
砂糖…大さじ5
塩・黒粒こしょう…各小さじ1
赤唐辛子…1本

【作り方】

1. ミニトマトは1〜2分ゆで、皮がはじけたら取り出す。
2. ミニトマトが熱いうちに、混ぜ合わせたAに漬ける。
3. 粗熱がとれたら冷蔵庫に入れ、30分〜1時間ほど冷やす。

冷凍ミニトマトなら

冷凍ミニトマトは凍ったまま1分ゆで、皮がはじけたら取り出す。ミニトマトが熱いうちに、混ぜ合わせたAに漬ける。そのまま30分程度置いて、ミニトマトを解凍させながら味をなじませる。放置すると劣化につながるため、すぐに食べる。

ミニトマトの ガーリックチーズ

夏は冷蔵庫で冷やしてから
食べるのもおすすめ

パスタと和えてもGOOD

【材料】（2人分）

ミニトマト（ヘタを除く）
…1パック分（10〜12個）
にんにく（薄切り）…1片分
オリーブ油…小さじ2
塩・こしょう…各少量
粉チーズ…大さじ1

【作り方】

1. オリーブ油を熱したフライパンでにんにくを炒め、きつね色になったら取り出す。
2. 1のフライパンにミニトマトを加えて炒める。ミニトマトの皮がはじけたら、塩、こしょうで味を調える。
3. 器に盛って1をちらし、粉チーズをふる。

冷凍ミニトマトなら

作り方2で、凍ったままのミニトマトを加えて炒める。ミニトマトの皮がはじけて解凍されたら、塩、こしょうで味を調える。その後は同じ。

生でも冷凍でも！ なすのおかず

なすの冷凍&解凍方法

保存が難しいなすは1本丸ごとで冷凍すれば、長持ちするうえ、解凍後の料理アレンジも簡単。

 なすはヘタを切り落とし、耐熱皿にのせ、ふんわりとラップをして、2本（160g）あたり電子レンジ（600W）で2分30秒加熱する。ヘタがついたままレンジ加熱すると、なすの水分が膨張して破裂する恐れがあるので注意。

加熱後、ラップを外して粗熱をとる。1本ずつ別のラップでぴったりと包んで冷凍用保存袋に入れ、口を閉じて冷凍する。個体差で茶色に褐変することがあるが、品質には問題ない。

 冷凍なすをラップで包んだまま耐熱皿に置き、1本あたり電子レンジ（600W）で30秒加熱する。半解凍状態になるため、用途に合わせて食べやすいサイズに切り、調理に使う。

めんつゆだけで味が決まる

なすの煮びたし

天かすがほどよく絡み、
とろとろの食感を楽しめる

【材料】（2人分）
なす…2本（160〜200g）
A｜めんつゆ（3倍濃縮タイプ）…大さじ2
　｜天かす…大さじ2
　｜水…大さじ6

【作り方】
1. なすはヘタを切り落として縦半分に切り、皮に細かく斜めに切り目を入れて長さを半分に切る。水に5分ほどさらしてしっかり水気を切る。
2. 耐熱ボウルにAを混ぜ合わせ、1を加えてさっくり混ぜる。ふんわりとラップをして電子レンジ（600W）で5〜6分加熱する。

冷凍なすなら

冷凍なすは電子レンジ（600W）で50〜60秒加熱して解凍する。縦半分に切り、皮に細かく斜めに切れ目を入れて長さを半分に切る。水気を切って、作り方2へ（加熱時間は4〜5分に変更）。

麻婆風なす

本格麻婆なす風。ごはんがすすむ一品

粉山椒にしびれる！

【材料】（2人分）
なす…2本（160〜200g）
粉山椒…少々

A
オイスターソース…大さじ½
しょうゆ…大さじ½
酒…大さじ½
ごま油…大さじ1
片栗粉…小さじ1

【作り方】
1. なすはヘタを切り落として乱切りにする。水に5分ほどさらしてしっかり水気を切る。
2. 耐熱ボウルにAを混ぜ合わせ、1を加えてさっくり混ぜたら、ふんわりとラップをして電子レンジ（600W）で5〜6分加熱する。
3. 2をヘラで混ぜてとろみが均一になったら器に盛り、粉山椒をふる。

> **冷凍なすなら**
>
> 冷凍なすは電子レンジ（600W）で50〜60秒加熱してから乱切りにする。水気を切って作り方2へ（加熱時間は4〜5分に変更）。作り方3は同様に。

なすラタトュイユ

オリーブ油を絡めて
電子レンジ加熱することで旨みがアップ

> **冷凍なすなら**
>
> 冷凍なす2本を電子レンジ（600W）で50〜60秒加熱してから2cm角に切り、水気を切って使う。その後の工程は同じ。3の加熱時間は4〜5分に変更。

パンやパスタと合わせても◎

【材料】（2人分）
なす…2本（160〜200g）
オリーブ油…大さじ2

A
トマトケチャップ…大さじ3
砂糖…小さじ½
コンソメ（顆粒）…ひとつまみ
粗びき黒こしょう…少々

【作り方】
1. なすはヘタを切り落として2cm角に切り、水に5分ほどさらしてしっかり水気を切る。Aは混ぜ合わせておく。
2. 耐熱ボウルになす、オリーブ油を入れて絡め、Aを加えてさっくり混ぜる。
3. 2にふんわりとラップをして電子レンジ（600W）で5〜6分加熱する。

冷凍活用で きゅうりのおかず

きゅうりの冷凍&解凍方法

塩揉みなどの下処理は不要。丸ごと冷凍するだけなのでとてもラク!

冷凍　きゅうりは水でよく洗う。ペーパータオルでしっかり水気を拭き取り、ラップで全体を覆い、ぴったりと包む。冷凍用保存袋に入れて口を閉じ、冷凍庫で保存する。

解凍　1. きゅうりはラップで包んだまま、3分程度流水に当てて解凍する。芯にかたさが残る半解凍状態になったら、ラップを外して手でぎゅっと水気を絞る。解凍しすぎると食感が悪くなるので、半解凍状態での調理がおすすめ。

2. 「薄切り」「ぶつ切り」「スティック切り」など好みの食べやすい形にカット。水気をさらによく絞り、好みの料理に使う。薄切りは塩揉みしたような状態に。ぶつ切りやスティック切りは、みずみずしいシャクシャクとした食感が楽しめる。

ぶつ切りで

きゅうりの
ハニーピクルス

**シャリシャリ食感の
ひんやりピクルス**

【材料】（1人分）
冷凍きゅうり…1本
A ┃ はちみつ…大さじ1
　　┃ 穀物酢…大さじ2
　　┃ 塩・こしょう…各少々

【作り方】
1. 冷凍きゅうりは半解凍してぶつ切りにする。
2. ボウルに**A**を混ぜ合わせて**1**を入れ、5分ほど漬ける。

薄切りで

きゅうりと
まぐろのユッケ風

**きゅうりから水分が出るため、
食べる直前に調理して**

【材料】（1人分）
冷凍きゅうり…1本
まぐろ（刺身）…80g
A ┃ しょうゆ・コチュジャン
　　┃ 　…各大さじ½
　　┃ ごま油…大さじ1
　　┃ 砂糖…小さじ1
　　┃ にんにく（すりおろし）…少々（チューブ可）
いりごま（白）…少々

【作り方】
1. まぐろは1.5cmの角切りにする。冷凍きゅうりは半解凍して薄切りにする。
2. ボウルに**A**を合わせ、**1**を入れてさっくりと混ぜ合わせる。
3. 器に盛り、いりごまをふる。

生でも冷凍でも！
パプリカのおかず

パプリカの冷凍&解凍方法

汎用性の高い1cm幅カットで冷凍が◎

冷凍　パプリカを縦半分に切る。ヘタと種を除いて、縦1cm幅に切って水気を拭き取る。1食分ずつラップで包んで冷凍用保存袋に入れる。しっかり空気を抜き、口を閉じて冷凍する。

解凍　凍ったまま、炒め物などの加熱調理に使う。またはラップで包んだまま流水に2〜3分当てて解凍し、そのままサラダや和え物に。水分が出やすいため、お弁当には使用せず、すぐに食べて。

「パプリカ」と「カラーピーマン」の違いは？

どちらも同じ品種だが、肉厚でシャキシャキ感があるパプリカに比べ、カラーピーマンはやわらかい食感が特徴。どちらも甘みがあり、味の違いはそれほどないため、代用しても問題ない。

パプリカの中華風サラダ

ピリ辛のラー油がアクセント

【材料】（2人分）
パプリカ（赤）…1個（約150g）
いりごま（白）…適量

A｛
ごま油…大さじ½
酢・しょうゆ・砂糖…各小さじ1
ラー油…少々
｝

【作り方】
1. パプリカは、縦半分に切り、ヘタと種を除いて縦長の乱切りにする。
2. 耐熱容器に1を入れて、ふんわりとラップをして電子レンジ（600W）で3分加熱する。取り出して水気を切る。
3. ボウルにAを混ぜ合わせ、1を加えて和える。器に盛っていりごまをふる。

冷凍パプリカなら

冷凍パプリカは、電子レンジ（600W）で1分30秒加熱し、取り出して水気を切る。その後、作り方3へ。

パプリカのイタリアンサラダ

粉チーズでコク深く

【材料】（2人分）
パプリカ（黄）…1個（約150g）

A｛
オリーブ油…大さじ½
粉チーズ…小さじ2
ハーブソルト（塩で代用可）・粗びき黒こしょう…各少々
｝

【作り方】
1. パプリカは、縦半分に切る。ヘタと種を除いて、ひと口大の乱切りにする。
2. ボウルに1とAを入れて、よく混ぜ合わせる。

冷凍パプリカなら

冷凍パプリカは保存時に包んだラップを外さず流水に2〜3分当てて解凍し、水気を切る。その後、作り方2へ。

冷凍活用で
ブロッコリーのおかず

ブロッコリーの冷凍&解凍方法

下ゆでせず生のまま冷凍すると、解凍後も水っぽくなりにくい。

 冷凍

1. ブロッコリーの房と茎を切り分ける。房が大きいものは、茎の軸に切り目を入れて手で裂く。水を張ったボウルにブロッコリーを入れ、揺するようにしてよく洗う。洗い終えたら、ペーパータオルで水気をしっかり拭き取る。

2. ブロッコリーを3〜4房ずつラップでぴったりと包む。房同士が重ならないように冷凍用保存袋に入れて冷凍庫へ。

解凍

凍ったまま調理が可能。自然解凍すると水っぽくなるため、凍ったまま炒めたり、蒸したりして。

冷凍庫がいっぱいの場合

冷凍したブロッコリーは花蕾がぼろぼろと崩れやすくなる。冷凍庫内が他の食品でいっぱいの場合は、ブロッコリーを保護するため、保存容器に入れて冷凍を。

ブロッコリーと
あさりの酒蒸し
あさりの酒蒸しも手軽に

【材料】（2人分）
冷凍ブロッコリー…8房　　オリーブ油…大さじ1
あさり…1パック（200g）　にんにく…½片
ミニトマト…6個　　　　　酒…大さじ2
　　　　　　　　　　　　バター…大さじ1

【作り方】
1. あさりは塩水に浸けておき、砂抜きする。ミニトマトはヘタを取り除く。にんにくはみじん切りにする。
2. フライパンにオリーブ油を入れて弱火で熱し、にんにくを加える。
3. にんにくの香りが立ってきたら、冷凍ブロッコリー、あさり、酒を加え、ふたをして蒸す。
4. 3〜5分してあさりの口が開いたら、ミニトマト、バターを加えてさっと炒める。

ブロッコリーと ベーコン炒め

**朝食にぴったり。
にんにくの香りで食欲アップ**

ベーコンの旨みをまとわせて

【材料】（2人分）
冷凍ブロッコリー…6房　　　ベーコン…2枚
オリーブ油…大さじ2　　　　塩…少々
にんにく…1/2個　　　　　　こしょう…少々

【作り方】
1. にんにくはみじん切りにする。ベーコンは3cm幅に切る。
2. フライパンにオリーブ油を入れて弱火で熱し、にんにくを加える。
3. にんにくの香りがたってきたら、冷凍ブロッコリーとベーコンを加え、ブロッコリーに軽く焦げ目がつくまで炒める。
4. ベーコンに火が通ったら、塩、こしょうで味を調える。

ブロッコリーと ツナのサラダ

**好みのドレッシングを
チョイスして◎**

レンチン活用の時短レシピ

【材料】（2人分）
冷凍ブロッコリー…6房
塩…少々
ツナ缶…1/2缶
コーン缶…1/2缶
お好みのドレッシング…大さじじ1

【作り方】
1. 冷凍ブロッコリーに塩を少々ふりかけ、電子レンジ（600W）で60秒加熱する。
2. 1に油を切ったツナと水気を切ったコーンを加え、混ぜ合わせる。
3. 皿に盛り、ドレッシングをかける。

生でも冷凍でも！
玉ねぎのおかず

玉ねぎの冷凍&解凍方法

玉ねぎを冷凍保存すると火が通りやすくなるうえ、
味が染み込みやすくなり、甘みが凝縮して、こっくりとした仕上がりに。
丸ごと冷凍してもOKだが、カットして冷凍しても使いやすい。

カット冷凍

くし形切り　　　　　　　　みじん切り

薄切り

 冷凍　玉ねぎは皮をむき、くし形切りやみじん切り、薄切りなど使いやすい大きさにカットする。冷凍用保存袋に玉ねぎを平らになるように入れ、空気を抜いて袋の口を閉じ、冷凍庫へ。

解凍　使いたい分だけ手で押し出し、凍ったまま加熱調理する（どのカット方法でも同様の使い方でOK）。冷凍した玉ねぎは細胞が壊れているのですぐに火が通る。味も染み込みやすい。くし形切りは煮物や炒め物、肉豆腐などに、みじん切りや薄切りは飴色玉ねぎなどにも使うことができる。

丸ごと冷凍

 冷凍　玉ねぎは皮をむいて上下を切り落とし、上下に1cm弱の十文字の切り込みを入れる。このひと手間で、調理の際に味が染み込みやすくなる。玉ねぎを1個ずつラップで包み、冷凍用保存袋に入れて冷凍庫へ。

 解凍　丸ごと冷凍した玉ねぎを凍ったまま鍋で煮ると、甘くてトロトロなスープを作ることができる。カットして使いたい場合は、冷蔵庫で3時間置いておけば包丁が入るようになる（解凍時間は、玉ねぎの大きさにより異なる）。

玉ねぎとかに風味かまぼこの中華和え

包丁いらず！ レンチンで簡単に作れる

ごま油の風味がアクセントに

【材料】（1人分）
玉ねぎ（くし形切り）…½個分
かに風味かまぼこ（適当な大きさにさく）
　…3本（しらすやサラダチキンで代用可）
ごま油…小さじ1
しょうゆ…小さじ⅛
刻みのり…適量（あれば）

【作り方】
1. 耐熱皿に玉ねぎをのせ、ふんわりとラップをかけて電子レンジ（600W）で2分加熱する。
2. 粗熱がとれたら、1とかに風味かまぼこを器に盛り、しょうゆ、ごま油をかけ、刻みのりをちらす。

> **冷凍玉ねぎなら**
> 作り方1の加熱時間を2分半（600W）にする。

丸ごと玉ねぎのレンジ蒸し

> **冷凍玉ねぎなら**
> 作り方2の加熱時間を4分（600W）にする。

時短のレンジ調理で玉ねぎの甘みを引き出す

玉ねぎの甘みをシンプルに味わう

【材料】（1人分）
玉ねぎ（丸ごと）…1個（200g）
バター…5g
ポン酢しょうゆ…適量
かつお節…適量

【作り方】
1. 玉ねぎは上下を切り落とし、上下に十文字の切り込みを入れる。
2. 1を耐熱皿にのせ、ふんわりとラップをかけて、電子レンジ（600W）で3分加熱する。
3. 冷めないうちにバターをのせ、ポン酢しょうゆ、かつお節をかける。

たった10分で！ 飴色玉ねぎ

生から作ると数十分〜1時間ほどかかる飴色玉ねぎ。
それが冷凍玉ねぎなら細胞内の水分が凍って
細胞壁が壊れた状態のため、短い炒め時間で飴色にできる。

【作り方】

1. 冷凍くし形切り玉ねぎ2個分（約400g）は、保存袋の中でかたまりをほぐし、サラダ油大さじ½を熱したフライパンに入れる。ふたをして強火で溶かす。溶かす時間は2〜3分を目安に。フライパンは直径22〜25cmサイズがちょうどいい。

2. ふたを外して木べらで炒め、焦げてきたら水大さじ1を加えながら炒める。火加減は強火のままでOK。水を加えて焦げをこそげ取り、玉ねぎに絡ませるようにして炒める。そこから約7分で、玉ねぎが飴色になったら完成。

冷凍 飴色玉ねぎは多めに作って冷凍ストックしておくと、朝食などでも手軽に使えて便利。使いやすい量で小分けにし、ラップで包んで冷凍用保存袋に入れ、袋の口を閉じて冷凍する。冷凍庫で2週間程度保存可能。冷蔵庫なら3〜4日保存できる。

解凍 スープには凍ったまま入れて加熱してOK。カレーやトーストには電子レンジで解凍してから使う。

オニオンピザトースト

慌ただしい朝でもリッチに

【材料】（1人分）
冷凍飴色玉ねぎ…45g
食パン…1枚
　（厚さ・形状等はお好みで）
トマトケチャップ…大さじ1
ピザ用チーズ…40g

【作り方】
1. 冷凍飴色玉ねぎは電子レンジで様子を見ながら加熱して解凍する。
2. 食パンにケチャップを塗り、1を広げ、ピザ用チーズをのせる。トースターでチーズがこんがりするまで焼く。

生でも冷凍でも！
キャベツのおかず

オニオン
ピザトースト

ピリ辛
コールスロー

キャベツの
チャンポン風
あんかけ

保存
2週間

キャベツの冷凍＆解凍方法

キャベツは生のまま切るだけで冷凍できる。ただし、やや食感が変わるため加熱調理がおすすめ。
細切り、ざく切り、くし形切りなど用途に合わせて切っておくと便利。

冷凍
1. キャベツを洗い、細切り（約1〜1.5cm幅）、ざく切り（約4cm角）、細めのくし形切り（約3cm幅）などに切る。冷凍するとしんなりしやすいため、細かく切りすぎないのがおすすめ。千切りにする場合は少し太めにするなど調整を。
2. ペーパータオルで水気をしっかり拭き取り、冷凍用保存袋に入れ、空気を抜き薄くして冷凍する。細切りやざく切りなど小さめにカットした場合はMサイズの袋、くし形切りの場合はLサイズが便利。

解凍
凍ったまま加熱調理に使う。袋の上から軽く揉むと、キャベツがバラバラになって取り出しやすい。細切りはスープなどの具材に、ざく切りは炒め物などにおすすめ。くし形切りは肉などに合わせてメイン料理に使うのがおすすめ。p58〜60の鍋レシピで使っても◎。

ピリ辛コールスロー

ごはんが進む辛い副菜

【材料】（2人分）
キャベツ
…1/6個分（約170g）
塩…少々

A
マヨネーズ
…大さじ2
豆板醤
…小さじ1/2

【作り方】
1. キャベツは1cm角に切る。塩をふり、しんなりしたら水気を絞ってAで和える。

冷凍キャベツなら

冷凍キャベツは冷凍庫から出して半解凍になったら1cm角に切り、塩を加え混ぜ、しばらく置く。完全に解凍されて水気が出たら絞ってAで和える。早めに食べ切る。

キャベツの
チャンポン風
あんかけ

丼にしてもGOOD!

【材料】（2人分）
キャベツ（ざく切り）
…1/6個分（約170g）
ごま油…小さじ2
水溶き片栗粉
…水大さじ2＋
片栗粉大さじ1

A
水…1カップ
鶏がらスープの素
（または白湯スープの素・顆粒）…小さじ1
砂糖…小さじ1
塩…小さじ1/3
こしょう…少々

【作り方】
1. ごま油を熱したフライパンにキャベツを入れて炒める。
2. 合わせたAを加えて沸騰したら、水溶き片栗粉でとろみをつける。

冷凍キャベツなら

凍ったままフライパンに入れてOK。生キャベツと同様に作る。

生でも冷凍でも！ 大根のおかず

大根の冷凍&解凍方法

大根は「用途別冷凍」でムダなく使い切れる。
味噌汁用なら短冊切りやいちょう切り、煮物やおでん用なら輪切りがおすすめ。細切りも副菜に便利。

 大根の皮をむき、用途に合わせて切る。ペーパータオルで水気を拭き取り、使いやすい量で小分けにし、ラップで包む。輪切りはラップで包まなくてOK。冷凍用保存袋に入れて口を閉じ、冷凍する。

短冊切り　いちょう切り　輪切り

 使うときは、凍ったまま加熱調理する。味噌汁なら、沸騰した湯に冷凍大根を入れて煮る。煮物なら、鍋に冷凍大根と水、調味料を入れて煮る。

冷凍してから煮ると、味が染みやすい！ 冷凍すると繊維が壊れるので、下ゆでしなくても短時間で味が染みる。冷凍大根は煮たときに中心まで味が染みやすく、生の大根で作った煮物よりもほろっとしたやわらかな食感。

大根とかつお節のサラダ

和風の味つけでさっぱりと

【材料】（2人分）
大根（皮をむいて細切り）
　…200g分
塩…小さじ¼
A ┃ かつお節…10g
　┃ マヨネーズ・ポン酢しょうゆ…各小さじ2
刻みのり…適量

【作り方】
1. ボウルに大根、塩を入れて軽く揉み、15分ほど置いたら水気を絞る。
2. 1にAを加えて和える。器に盛り、刻みのりをのせる。

> **冷凍大根なら**
> 凍った大根（短冊切りや細切り）を室温で1時間ほど置いて自然解凍させた後、水気を絞り、調味料と和える。

大根のスパイシーステーキ

オイスターソースとしょうゆの奥深い旨みを感じる

【材料】（2人分）
大根（皮をむいて
　1.5cm幅の輪切り）
　…6cm分
ごま油…大さじ1

A ┃ 水…100mℓ
　┃ オイスターソース・砂糖・
　┃ しょうゆ…各小さじ1
七味唐辛子…適量

【作り方】
1. フライパンにごま油を入れて中火で熱し、大根を焼く。両面に焼き色がついたらAを加え、ふたをして中火で10分ほど煮る。
2. 汁気が飛んだら火を止め、七味唐辛子をふる。

> **冷凍大根なら**
> 輪切り大根を凍ったまま調理。1〜2分長めに加熱。

冷凍活用で
にんじんのおかず

にんじんの冷凍&解凍方法

半端に余ったにんじんは、
切り口から乾燥してすぐに傷む。
用途別に切って冷凍するのがおすすめ。

冷凍

細切り

千切り

薄いいちょう切り

皮をむいたにんじんを、薄いいちょう切り
や細切り、スライサーで薄くスライスする
などして、冷凍用保存袋に薄く平らになる
ように入れて冷凍する。にんじんは冷凍・
解凍すると食感が変わるが、薄切りだと気
になりにくい。

 解凍

折って必要な量だけ
取り出し、凍ったま
ま加熱調理。きんぴ
らや豚汁などいろい
ろな料理に使える。

大根とかつお節の
サラダ

大根の
スパイシー
ステーキ

さっぱり
にんじんラペ

さっぱり
にんじんラペ

サラダのトッピングやポテトサラダの
具材に使っても◎

【冷凍方法】
1. 皮をむいたにんじん（½本）をスライサーや包丁
   で細切りにする。
2. 冷凍用保存袋にオレンジジュース（大さじ3）と**1**
   を入れ、薄く平らにして冷凍する。

【材料】（1人分）
冷凍にんじん（オレンジジュース漬け）…½本分

A
｜ 酢…大さじ1
｜ オリーブオイル
｜ 　…大さじ½
｜ 塩・こしょう…各適量
｜ クミンシード…適量
｜ 干しぶどう…適量

ミント…適量

【調理方法】
1. オレンジジュース漬けの冷凍にんじんを15分程
   度自然解凍する。時季によって解凍時間が変わる
   ので、様子を見ながら行う。
2. **1**に**A**を加え、混ぜ合わせる。皿に盛り、お好み
   でミントを添える。

生でも冷凍でも！
かぼちゃのおかず

かぼちゃの冷凍&解凍方法

凍ったまま調理ができる。傷みの原因になりやすい種やわたを取り除いて、
使いやすい大きさにカットして冷凍すると便利。

 冷凍

1. かぼちゃは種とわたを取り除き、余分な水気を拭き取り、用途に合わせてカットする。小さめの角切り（煮物によい）と薄いくし形切り（ソテーによい）が料理に使いやすい。
2. カットしたかぼちゃはラップで1回使用分（4〜5切れ）ずつ包む。酸化しやすいため、できるだけ空気を抜いてラップを密着させて。冷凍用保存袋に入れて冷凍する。

 解凍

凍ったまま加熱調理に使うのがおすすめ。食感、味、色の変化を軽減できる。調理の前に解凍すると、変色しやすく、水分が抜けてグニュッとやわらかい食感に。その後加熱調理しても、味や食感が損なわれてしまう。

冷凍かぼちゃから変なニオイがする場合

ニオイの原因は大きく2つ。1つ目は、適切な下処理の不足。特に、種とわたを取り除かずに冷凍すると傷みやすく、ニオイが生じる原因に。2つ目は冷凍庫内のニオイ移り。密封せずに冷凍すると冷凍庫内のニオイがかぼちゃに移りやすくなるうえ、冷凍焼けの原因にもなる。かぼちゃの青臭さがどうしても気になる場合は、皮をすべてむいて冷凍するという手も。

かぼちゃの煮物

かつお節を加えると旨みアップ。
多めに作って常備菜にしても◎

【材料】（作りやすい分量）
かぼちゃ（ひと口大に切る）…1/4個分
かつお節（あれば）…適量

A｜
水…100ml
めんつゆ（3倍濃縮）…大さじ2
砂糖…小さじ1

【作り方】

1. 深さのある耐熱容器にAを入れて混ぜる。かぼちゃを皮を下にして並べ、かつお節をのせる。ペーパータオルをのせて端を煮汁に浸け、全体に染み込ませる。
2. ふんわりとラップをして電子レンジ（600W）で約4分加熱する（火が通っていなければ様子を見て、追加で加熱）。そのまま10分ほど置いて蒸らす。

レンジで味しみしみ！

冷凍かぼちゃなら

角切り冷凍を使用するとよい。
作り方2で4分長めに加熱。

かぼちゃチーズ

かぼちゃの甘み、トマトの酸味、
チーズのコクが三位一体に!

トマトとチーズで旨みUP

【材料】（2人分）
かぼちゃ…1/8個分
ピザ用チーズ…1/4カップ
トマト…1/4個
スライスベーコン…1枚
塩・こしょう…各少々

【作り方】
1. かぼちゃは1.5cm幅に、トマトは1.5cm角に、ベーコンは1cm幅に切る。
2. 耐熱皿にかぼちゃを並べ、塩、こしょうをふる。チーズをまんべんなくのせ、ベーコン、トマトをちらす。
3. ラップをせずに電子レンジ（600W）で約1分30秒加熱する。

冷凍かぼちゃなら

くし形切り冷凍を使用するとよい。
作り方**3**で2分長めに加熱。

かぼちゃのマヨサラダ

大人向けには好みで
粒マスタードを効かせてピリッと仕上げて

マヨネーズとの相性◎

【材料】（2人分）
かぼちゃ（2cm大に切る）
　　…1/8個分
玉ねぎ（みじん切り）…1/8個分
レタス（好みで）…適量
A マヨネーズ…大さじ2
　　粒マスタード（好みで）…小さじ1/2
　　塩・こしょう…各少々

【作り方】
1. 耐熱容器にかぼちゃ、玉ねぎを入れる。ふんわりとラップをして電子レンジ（600W）で約1分30秒加熱し、粗熱をとる。
2. ボウルに**A**を入れて混ぜ、**1**を加えて和える。レタスを敷いた器に盛る。

冷凍かぼちゃなら

作り方**1**で2分長めに加熱。

生でも冷凍でも！
きのこのおかず

きのこの冷凍&解凍方法

基本的には洗う必要なし。
水分が付着している場合は、腐敗やニオイを避けるためきちんと拭き取って。

 冷凍

しいたけ

石づきがあれば取り除き、かさと軸に切り分ける。冷凍用保存袋に入れ（軸も入れる）、口を閉じて冷凍する。丸ごとでも冷凍できるが、スライスしてから冷凍すると炒め物などにそのまま使えて便利。軸も食べられるので用途に合わせてカットして。

エリンギ

長さを半分に切ってから、縦薄切りにする。冷凍用保存袋に入れ、口を閉じて冷凍する。

えのきだけ

石づきを切り落とし、食べやすくほぐす。冷凍用保存袋に入れ、口を閉じて冷凍する。

しめじ

石づきを切り落として小房に分ける。冷凍用保存袋に入れ、口を閉じて冷凍する。

 解凍

凍ったまま料理に加えて加熱調理する。スープや炊き込みごはんなどにもおすすめ。

冷凍きのこミックスも便利

数種類のきのこを混ぜると料理の旨みが一層アップ。組み合わせは好みでOKだが、おすすめは、味と風味のバランスがいい「しめじ・えのきだけ・エリンギ」。しいたけを入れる場合は、味や香りが強いため入れすぎに注意。

きのこのマリネ

肉料理のつけあわせに◎。
冷蔵庫に常備しておくと便利

マスタードの酸味でさっぱり

【材料】（2人分）
しめじ（石づきを除き小房に分ける）
　…1パック分（約120g）
えのきだけ（石づきを切り落としてほぐす）
　…1袋分（約185g）
※エリンギ、しいたけでもおいしい
オリーブ油…大さじ4

A
　白ワインビネガー（または酢）…大さじ3
　水…大さじ2
　砂糖…大さじ1と½
　粒マスタード…小さじ2
　塩…小さじ⅔
　こしょう…少々

【作り方】
1. 耐熱ボウルにAを入れて混ぜ、しめじ、えのきだけ
　を加えてさっと混ぜる。ふんわりとラップをして電
　子レンジ（600W）で2分30秒加熱する。
2. オリーブ油を回しかけてよく混ぜ、そのまま冷ます。

冷凍きのこなら

凍ったまま調理してOK。追
加で30秒～1分長めに加熱。

きのこの佃煮

甘辛い味つけが
ごはんと相性抜群

しょうがを効かせて味に奥行きを出す。
しょうゆ色になるまで煮詰めて

【材料】（2人分）
しめじ（石づきを除き小房に分ける）
　…1パック分（約120g）
えのきだけ
　（石づきを切り落として半分に切り、ほぐす）
　…1袋分（約185g）
※エリンギ、しいたけでもおいしい

A
　しょうが（千切り）…1片分
　しょうゆ…大さじ3
　酒・みりん…各大さじ2
　砂糖…大さじ1

【作り方】
鍋にAを入れて中火にかけ、煮立ったらしめじ、えのきだけを加え、ときどき混ぜながら煮汁がなくなるまで煮詰める。

冷凍きのこなら

凍ったまま調理してOK。

生でも冷凍でも！
もやしのおかず

保存
2週間

もやしの冷凍&解凍方法

もやしは、洗わず使える商品も多いが、
冷凍する場合は洗ってから
保存するのがおいしさキープのコツ。

 冷凍

もやしを流水で洗って水気を切る。洗うことで特有の臭みも軽減できる。水気が残ると霜の原因になるので、しっかり切って。もやし1袋＝約200gは、Mサイズの冷凍用保存袋にちょうどぴったり。全量入れたら空気を抜いて袋の口を閉じ、冷凍。

解凍

使うときは冷凍状態のままでOK。炒め物やスープなど、必ず加熱調理を。袋の上から軽く揉むと、もやしがバラバラになって使う分だけ取り出しやすくなる。もしくは、もやしを凍ったまま耐熱ボウルに入れ、ふんわりとラップをして電子レンジ（500W）で2分加熱し、ペーパータオルの上に広げて水気を取ってから調理。

同じ時間ゆでて比較すると、冷凍もやしの方がカサが減り、食感もしんなり。シャキシャキ感は生より劣るが、冷凍もやしは味の染み込みがよくなるので、炒め物やスープなどの加熱調理に使うとおいしくなる。

「生」と「冷凍」ゆでるならどっち？

生のもやしを
ゆでたもの

冷凍もやしを
ゆでたもの

冷凍もやしで ハムともやしときゅうりのサラダ

冷凍もやしは湯通しするとすぐしんなり。味がよくなじむ

【材料】（2人分）
冷凍もやし…200g
　　（Mサイズの冷凍用保存袋1袋分）
ハム…3枚
きゅうり…½本
　　塩・こしょう…各少々
A　酢…大さじ⅔
　　オリーブ油…大さじ1と½

【作り方】
1. 沸騰した湯で冷凍もやしを1〜2分ゆで、ザルに上げ、水気をしっかりと切って冷ます。
2. きゅうり、ハムは千切りにする。
3. ボウルに1、2、Aを入れてよく混ぜ合わせる。

さっと和えるだけで完成

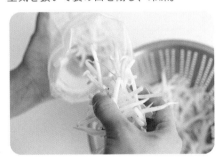

もやしの焼きそば風

糖質を気にして麺類を避けている人でも
焼きそば気分を味わえる

見た目も味もほぼ焼きそば!

【材料】（2人分）
もやし…100g（½袋分）
青のり・かつお節・紅しょうが…好みで
A｜とんかつソース…大さじ2
　｜塩・こしょう…各少々

【作り方】
1. もやしは耐熱ボウルに入れ、ふんわりとラップをして電子レンジ（500W）で1分加熱する。
2. 1にAを加え混ぜる。皿に盛り、好みで青のり、かつお節、紅しょうがをのせる。

冷凍もやしなら

もやしを凍ったまま耐熱ボウルに入れ、ふんわりとラップをして電子レンジ（500W）で2分加熱し、ペーパータオルの上に広げて水気を取る。あとはレシピ通りの分量の調味料で味つけする。

もやしのカレーマヨ

カレー粉とマヨネーズがマイルドにまとまり
意外なほどにやさしい味

【材料】（2人分）
もやし
　…100g（½袋分）
A｜マヨネーズ
　｜　…大さじ1
　｜カレー粉
　｜　…小さじ⅓
　｜塩・こしょう
　｜　…各少々
粗びき黒こしょう
　（好みで）…少々

【作り方】
もやしは耐熱ボウルに入れ、ふんわりとラップをして電子レンジ（500W）で1分加熱し、Aを順に加え混ぜる。好みで粗びきこしょうをふる。

冷凍もやしなら

もやしを凍ったまま耐熱ボウルに入れ、ふんわりとラップをして電子レンジ（500W）で2分加熱し、ペーパータオルの上に広げて水気を取る。あとはレシピ通りの分量の調味料で味つけする。

もやしの梅酢和え

さっぱりした
梅の風味が口の中を
リセットしてくれる

【材料】（2人分）
もやし…100g（½袋分）
A｜梅干し（1〜2cm大にちぎる）…1個分
　｜酢…大さじ½
　｜砂糖…大さじ½
　｜塩…少々
　｜※梅干しの塩分によって加減する

【作り方】
耐熱ボウルにAを合わせる。もやしを加えて混ぜ、ふんわりとラップをして電子レンジ（500W）で1分加熱し、さらに混ぜる。

冷凍もやしなら

もやしを凍ったまま耐熱ボウルに入れ、ふんわりとラップをして電子レンジ（500W）で2分加熱し、ペーパータオルの上に広げて水気を取る。あとはレシピ通りの分量の調味料で味つけする。

生でも冷凍でも！
ほうれん草のおかず

ほうれん草の冷凍&解凍方法

下処理なし。カットして生のまま冷凍するだけでOK。

 冷凍
ほうれん草は根元を中心にしっかり洗い、水気をペーパータオルでしっかり拭き取り、3〜4cm幅に切る。葉は凍るとボロボロ砕けやすいので1食分（2茎分ほど）ごとに分けて冷凍用保存袋に入れ、空気を抜くように袋の口を閉じて金属製のバットにのせて急速冷凍する。茎や根元はラップで包んで分けて冷凍する。

 解凍
炒め物やスープなら凍ったまま加熱調理、サラダやおひたしなら冷蔵庫で約1時間解凍してそのまま使う。急いで解凍したいときは凍ったまま熱湯を直接かけると時短に。えぐみが気になる場合は、凍ったまま熱湯で1分程度ゆでてから使用する。下ゆで冷凍の場合も凍ったまま加熱調理。おひたしや和え物なら冷蔵庫で3時間〜半日ほど解凍して味つけする。

風味重視ならゆでてから冷凍

やわらかく甘いほうれん草がお好みなら、かために下ゆでして冷凍すると◎。1食分ずつラップで包んで冷凍用保存袋に入れ、空気を抜いて袋の口を閉じる。金属製のバットにのせて急速冷凍を。

ほうれん草ポタージュ
牛乳を煮立たせないように温めるのが、おいしく作るポイント

【材料】（2人分）
ほうれん草
　（ゆでて4〜5cm幅のざく切り）
　　…½束分（約100g）
にんにく（薄切り。冷凍でも可）
　　…1片分
玉ねぎ（薄切り）…¼個分
バター…大さじ1
牛乳…100mℓ
A ｜水…300mℓ
　　｜コンソメ（固形）…1個
塩・こしょう…各少々
クルトン…適量

【作り方】
1. 鍋にバターを入れて中火で溶かし、にんにく、玉ねぎの順に加えて炒める。しんなりしたらAを加え、煮立ったらほうれん草を加え、ひと煮立ちしたら火を止めて粗熱をとる。
2. 1をミキサーにかけ、なめらかになったら鍋に戻し、牛乳を加えて煮立たせない程度に温める。塩、こしょうで味を調える。器に盛り、クルトンをのせる。

ほうれん草の甘みを味わえる

冷凍ほうれん草なら
作り方1で凍ったままの冷凍ほうれん草を加える。

生でも冷凍でも!
白菜のおかず

白菜の冷凍&解凍方法

炒め物や鍋に使う予定なら3〜5cm幅のざく切り、味噌汁や漬物にするなら1cm幅くらいの細切りで冷凍を。

冷凍 白菜はよく洗ってからざく切りか細切りにする。ペーパータオルなどで水気を拭き取り、冷凍用保存袋に入れて、空気を抜くように袋の口を閉じ、冷凍する。

解凍 鍋料理や味噌汁は凍ったまま加えてOK。早く火が通り、味が染み込みやすい。炒め物なら、にんじんなどかたい野菜に火が通ったタイミングで、凍ったままの白菜を加えて。解凍されると水分が出て全体が水っぽくなるので、最後に水溶き片栗粉でとろみをつけるとよい。

炒めて冷凍で食感キープ 白菜はサラダ油で炒めてから冷凍すると食感の変化が少ない。しんなりするまで炒めたらよく冷まし、使いやすい量ずつラップで包んで、冷凍用保存袋に入れて冷凍を。冷凍庫で1ヶ月程度保存可能。使うときは鍋やフライパンに凍ったまま入れて加熱調理を。

自然解凍で即席キムチにも 冷蔵庫で自然解凍し、水気をしっかり絞ると漬物のような食感になるので、塩少々をまぶせば浅漬け風、キムチの素で和えれば即席キムチになる。

白菜ときのこの和風スープ

きのこの旨みたっぷりな
滋味深い味わいのスープ

【材料】（2人分）
白菜（2〜3cm大のざく切り）…150g（約2枚分）
えのきだけ（冷凍でも可）…½袋（約90g）
だし汁…400ml
桜えび…5g
青ねぎ（小口切り・好みで）…2本
A｜しょうゆ…小さじ½
　｜塩…小さじ⅓

【作り方】
1. えのきだけの石づきを切り落としてほぐす。
2. 鍋にだし汁を入れて中火にかけ、煮立ったら白菜、1を加え、弱火で煮る。白菜がしんなりしたら桜えびを加え、Aで味つけする。器に盛り、青ねぎをちらす。

桜えびの風味がアクセントに

冷凍白菜なら

作り方2で凍ったままの冷凍白菜を加えて煮る。

冷凍トマト×冷凍きゅうりで
ガスパチョ

スペイン発の冷製スープ「ガスパチョ」は、
野菜がたっぷり入っていて栄養満点なので、「飲むサラダ」とも言われる。
冷凍トマトや冷凍きゅうりを使えば、ミキサーなしで簡単に完成！
味の決め手となるトマトは、なるべく完熟のものを使おう。

冷凍野菜で作るメリット3つ

1.トマトの皮むきがラク！
2.野菜をすりおろせるので、ミキサー不要！
3.冷やさなくても、すぐにひんやりスープが飲める！

トマト
の冷凍方法
∨
p64参照

きゅうり
の冷凍方法
∨
p70参照

【材料】（2人分）

冷凍トマト（生でも可）…2個（400g）
冷凍きゅうり（生でも可）…½本（60g）
赤パプリカかピーマン（冷凍でも可）…¼個（35g）
玉ねぎ（冷凍でも可）…⅛個（25g）
バゲット（冷凍でも可）…約2cm（20g）
※パン粉大さじ2でも代用できる
赤ワインビネガー（または酢）…小さじ2
オリーブ油…大さじ1
塩・こしょう…各少々

A
パプリカパウダー（あれば）…小さじ1
にんにく（すりおろし）・
　クミンシード・
　ホットペッパーソース（あれば）…各少々

水…50〜100㎖

【作り方】

1. 冷凍トマトは流水に当てながら皮をむき、おろし金ですりおろしてボウルに入れる。

> トマトはヘタを除いてから切らずに丸ごと冷凍したものを使うと作りやすい。トマトをおろす際に手が冷たい場合は、ゴム手袋をつけて作業するといい。

2. 冷凍きゅうりをおろし金ですりおろし、1に入れる。

> きゅうりはトマトと一緒に冷凍庫から出しておいて、3分ほど室温に置くとすりおろしやすくなる。

3. パプリカはヘタと種を除いてから、おろし金ですりおろす。玉ねぎは皮をむいてからおろし金ですりおろす。どちらも2に入れる。

4. バゲットもおろし金ですりおろし、3に入れる。

> バゲットは少しかたくなったものの方がすりおろしやすい。白い部分がふわふわでおろしにくい場合は、オーブントースターで少し焼くと作業しやすくなる。

5. ボウルなどに塩、赤ワインビネガーを入れ、泡立て器で混ぜながらオリーブ油を少しずつ加える。

6. 4に5を回しかけ、全体を混ぜる。この段階だと、トマトやきゅうりがシャーベット状なので、そのままラップをして室温に30分ほど置いてスープ状になるまで溶かす。

7. 30分ほどたったら水で調整し、塩、こしょうで味を調える。冷凍庫に入れ、翌日までに飲み切って。

ガスパチョは
アレンジしてもおいしい！

栄養バランスがいいので、
主食と組み合わせるとささっと食べたいときの
昼ごはんにぴったり！

Arrange ① 冷製パスタの ガスパチョソース

暑くて食欲のない日のランチに

【作り方】ゆでたパスタとガスパチョを一緒に器に盛るだけ。麺はカッペリーニ（直径1〜1.3mm）などの細麺がおすすめ。パスタはゆでたあと、氷水でよく冷やし、水気を切ってオリーブ油、塩を絡ませる。器にガスパチョを注ぎ、パスタ、生ハム、モッツァレラチーズ、バジルをトッピングすれば、まるでレストランのような味わいの一品に。

Arrange ② ガスパチョそうめん

和風のアレンジも抜群！

【作り方】ガスパチョ200㎖につき、めんつゆ（2倍濃縮）小さじ4を加えて、ゆでたそうめんをつけて食べる。トマトと相性のいい大葉や、刻んだきゅうりを添えるとgood！

冷製パスタの
ガスパチョソース
ガスパチョ
そうめん

味噌玉

「味噌玉」とは、手作りのインスタント味噌汁のこと。作り方はとても簡単！かつお節や顆粒だしと味噌、具材を合わせ、1食分ずつ丸めてラップで包むだけ。食べるときは、湯を注ぐだけでOK。おすすめの具材はいずれもキッチンで余りがちな食材。半端に余った場合や使い切れないときは、味噌玉にすると食材がムダにならず一石二鳥。

おすすめの具材

【乾物】 とろろ昆布、乾燥麩、高野豆腐、乾燥わかめ、焼きのり、乾燥あおさ、桜えび（素干し）、青のり、塩昆布、ごま

【香味野菜】 大葉、みょうが、しょうが、青ねぎ、小ねぎ、にんにく

【漬物】 梅干し、柴漬け、野沢菜漬け、キムチ（いずれも塩気が多い場合は味噌の量は少なめに）

【ごはんのおとも】 佃煮のり、さけフレーク、なめたけ（すべて開栓後、時間のたっていないもの）、じゃこ

【そのほか】 油揚げ、天かす

おすすめしない具材

【豆腐】 冷凍すると食感が変わるため不向き

【根菜類】 にんじん、れんこん、ごぼう、大根などの根菜、かぼちゃ、いも類は、湯を注ぐだけだと中まで火が通らないため不向き。ゆでて冷ませば使用可。

忙しい朝でも簡単に

味噌汁を準備できるね

味噌玉アレンジ5選

使う味噌は好みのものでOK。
食べるときに注ぐ湯の量は、お好みや具材の塩加減で調整しよう。

わかめ・ねぎ・麩

定番味噌汁も味噌玉に

乾燥麩は湯でよく戻してから食べて。

【材料】（1食分）
味噌…大さじ1　かつお節…小さじ1　乾燥わかめ…約2g（大さじ1程度）　青ねぎ（刻む）…1本分　乾燥麩…3〜4個

なめたけ・青のり

青のりの香りが引き立つ

なめたけを入れすぎると味噌玉の形がまとまりにくくなるので注意。

【材料】（1食分）
味噌…小さじ2　かつお節…小さじ1　なめたけ…小さじ1　青のり…小さじ1/2

とろろ昆布・梅干し・ねぎ

食欲がないときにも◎

とろろ昆布は、味噌玉を丸めてからまわりにふわっとつけるようにして。

【材料】（1食分）
味噌…小さじ2　かつお節…小さじ1　梅干し（種を取り除きたく）…1/3〜1/2個　長ねぎ（刻む）…2cm分　とろろ昆布…適量

柴漬け・ねぎ

シャキシャキ食感が心地いい!

柴漬けがなければ、常備している漬物でOK。

【材料】（1食分）
味噌…小さじ2　かつお節…小さじ1　柴漬け（刻む）…2〜3切れ分　青ねぎ（刻む）…1本分

しょうが・みょうが・大葉

風味も食感も、さわやか

大葉は味噌玉にして冷凍すると長持ち。水分をよく拭き取ってから刻む。

【材料】（1食分）
味噌…大さじ1　かつお節…小さじ1　みょうが（刻む）…1/3個分　しょうが（刻む）…1/3片分　大葉（刻む）…1枚分

 冷凍　ラップで包んだ味噌玉は冷凍用保存容器に入れて冷凍。冷蔵での日持ちは1週間ほど。

 解凍　お椀に入れて湯を注ぐだけですぐに食べられる。

マッシュポテト

保存 1ヶ月

レンチンで作れる簡単マッシュポテトレシピをご紹介。
肉や魚の主菜の付け合わせにどうぞ。
多めに作って冷凍したり、アレンジ活用しても◎

マッシャーも鍋も生クリームもなしで

ここまでなめらか！

【材料】（4人分）
じゃがいも
　　…中3個（約360g）
牛乳…100㎖
水…大さじ4
バター…10g
塩…小さじ¼
こしょう…少々

【準備するもの】
厚手のポリ袋　麺棒

【作り方】

1. じゃがいもは皮をむいて1㎝厚さのいちょう切りにし、水洗いして水気を切り、耐熱ボウルに入れる。分量の水を加え、ふんわりとラップをかけて電子レンジ（600W）で約7分加熱。軽く混ぜて1〜2分置き、水分をなじませる（少し置くことで熱さが落ち着き、ポリ袋に移しやすくもなる）。

2. じゃがいもを水気とともに厚手のポリ袋に移し、熱いうちに麺棒で袋の上から両手で押しつけるようにして潰す。ある程度潰れたら麺棒を転がし、粒が残らないようにまんべんなく潰す。

3. 2のポリ袋にバター、塩、こしょうを入れ、牛乳を少しずつ加えながら手で揉むようにして混ぜ合わせる。手でじゃがいもの粒を探って潰すとよりなめらかになる。

4. 耐熱ボウルにポリ袋の材料を移し、ラップをかけずに電子レンジ（600W）で2〜3分加熱して温め、泡立て器でなめらかになるまで混ぜる。

潰すときに
麺棒がない場合は?

潰す際に麺棒がない場合は、じゃがいもの加熱に使った耐熱ボウルの底で潰してもOK。

冷凍 粗熱がとれたら1食分（約90g）ずつラップで平らに包み、冷凍用保存袋に重ならないように入れ、空気を抜くようにして口を閉じる。金属製のバットにのせて冷凍する。時間がたつにつれ水分が出て劣化するため、早めに使い切るとよい。

マッシュポテトを
なめらかに仕上げるコツ

仕上がりの目安は、全体になめらかさが均一になり、泡立て器ですくってぽってりと落ちるくらい。冷めるとかたくなるので、ややゆるめに仕上げるのがベスト。

解凍 電子レンジで加熱するか、鍋に少量の牛乳とともに入れて加熱する（弱火から始めること）。1食分につき電子レンジ（600W）で約2分加熱する。冷蔵庫での解凍や電子レンジの解凍モードでの解凍は、冷凍によるデンプンの劣化が元に戻らず、ボソボソとした食感になるので避ける。

「 Idea
冷凍マッシュポテトの使い道アイデア

① 牛乳でのばして「ポタージュ」に

鍋に凍ったままのマッシュポテト約180gと牛乳100mℓを入れて中火で温め、コンソメ（顆粒）、塩、こしょうで味を調える。

② きゅうりとハムを加えて「ポテトサラダ」に

加熱解凍して粗熱をとったマッシュポテト約180gをボウルに入れ、きゅうり薄切り1/3本分（軽く塩揉みし、水気を切る）、ハム細切り1枚分、マヨネーズ大さじ2、塩・こしょう各少々を加えて混ぜる。

③ 片栗粉を加えて焼いて「いももち」に

加熱解凍して粗熱をとったマッシュポテト約180gに片栗粉大さじ6を加えてよくこね、円形に成形。サラダ油適量を入れて中火で熱したフライパンに並べ、ふたをして裏表3分ずつ焼く。

④ 片栗粉を加えてゆでて「ニョッキ」に

加熱解凍して粗熱をとったマッシュポテト約180gに片栗粉大さじ6を加えてよくこね、小さく丸めてから親指で潰す。沸騰した湯に入れてゆで、浮き上がったらザルにとる。お好みのソースで食べる。

⑤ 甘塩だらと。南仏の「ブランダード風」に

加熱解凍して粗熱をとったマッシュポテト約180gをボウルに入れ、ゆでて細かくほぐした甘塩だら1切れ分、塩・こしょう適量を加え、混ぜる。

とうもろこしの天ぷら

難しいと思われがちなメニューだが、
「オーブンシート」を使えばきれいな形の天ぷらが簡単にできる。
初心者にもおすすめ！

オーブンシートを使うと

きれいに仕上がる

【材料】（2人分）

とうもろこし…1本（300g※可食部150g・冷凍食品でも可）

小麦粉…大さじ2

塩…少々

水…大さじ1と½

揚げ油…適量

【準備するもの】

フライパン（少し深めのものがよい）…1つ

オーブンシート（10㎝×10㎝に切る）…4枚

スプーン（大）…1本

計量スプーン（大さじ）…1本

網じゃくし（もしくはフライ返し）…1本

菜箸…1膳

揚げ網…1枚

冷凍

1つずつアルミホイルで包み、冷凍用保存袋に入れて冷凍する。揚げ物は手間がかかるので、一度にたくさん作って保存しておくと便利。冷凍保存で揚げたて食感をキープできる。

解凍

オーブントースターで2個あたり3分ほど加熱し、途中で裏返してさらに3分加熱する。

【作り方】

1. とうもろこしは皮をむいて洗い、ペーパータオルなどで水気を拭き取る。包丁でとうもろこしの両端を切り落とし、表面に包丁の先を滑らせるように、1列ずつすべての実に切り目を入れる。これで揚げたときに破裂しづらくなる。

2. 半分に切ったとうもろこしを立て、芯と実の間に包丁を入れるように実をそぎ落とす。

3. そいだ実をペーパータオルにのせ、水気を取りながらほぐす。

4. 3に小麦粉を加え、スプーンで全体によく絡める。

5. 塩、水を加えて全体をよく混ぜ合わせる。ねっとりと粘りが出て、揚げても崩れにくくなる。

6. 5のタネを1つ分（大さじ2と½）ずつオーブンシートにのせる。丸く成形し、約1.5cm厚さにならす。

7. フライパンに油を深さ2〜3cm（タネが浸かる程度）注ぎ、170℃に熱する。網じゃくし（またはフライ返し）を使い、タネをオーブンシートごとそっと入れる。油の温度が下がらないよう、一度に入れるのは2つまで。

8. 1分ほど揚げ、網じゃくし（もしくはフライ返し）と菜箸を使って裏返し、オーブンシートを取り除く。オーブンシートはスッとはがれる。

9. 30秒ほど揚げて全体にうっすら焦げ目がついたら、網に上げて油を切る。

油は必ず中温（170℃）に！

菜箸を熱した油の中に入れ、菜箸のまわりから小さい泡がフツフツと出てくるのが170℃の目安。170℃より高温でも低温でも上手に揚がらないので、必ず守ること。

とうもろこしの天ぷら

黒豆

黒豆は一度煮て冷凍し、解凍してから食べるとGOOD。
理由は、冷凍により豆の中の水分が凍って
膨張し繊維がダメージを受けるため、
煮ただけの状態よりもやわらかくなって調味料が
しっかり染み込むため。
豆を煮る時間も、一般的には8時間程度かかるが、
このレシピなら約3時間に短縮できるのもうれしい。

一度煮てから冷凍すると

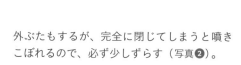

ふっくらやわらかに

【材料】(乾燥豆250g分／約10人分)

黒豆(できれば新豆)…250g
水…1400mℓ(7カップ)

A
| 上白糖…230g
| (グラニュー糖、きび糖などでも可)
| しょうゆ…大さじ1
| 塩…小さじ⅓
| 重曹…小さじ⅓

【作り方】

1. 鍋で分量の水を沸騰させ、火を止めてAを入れ、溶かす。よくかき混ぜて、砂糖を完全に溶かす。

   ここで重曹を入れるのは、煮る時間を短縮するため。約半分の時間で済む。

2. 洗った黒豆を1に加え、ふたをしてそのまま置く。

   8時間程度置くと豆が約2倍にふっくら膨らむ。皮が破れやすいので、できるだけ触らない。

3. ふたをしないで中火で沸騰させる。出てきたアクは2～3回取り、苦みや雑味を除く。

4. オーブンシートを鍋の大きさに合わせて切り、ツルツルの面を下にして落としぶたにする(写真❶)。

外ぶたもするが、完全に閉じてしまうと噴きこぼれるので、必ず少しずらす(写真❷)。

5. 弱火で弱い沸騰が続く状態で3～4時間煮る(水分の多い新豆は3時間、ひね豆(古品)は4時間程度が目安)。1時間おきに様子を見て、煮汁が減って黒豆の表面が出ていたら水を足す。味見をして、好みよりも少しかたく感じる程度で火を止める。

 冷凍

冷めたら1食分ずつ煮汁ごと冷凍用保存袋に入れ、空気を抜きながら口を閉じて冷凍する。

解凍

食べるときに解凍する。黒豆を鍋に移して、完全に溶けるまで弱火で温める。このとき、少し冷蔵庫で自然解凍するか電子レンジで解凍するとスムーズに鍋に移せる。長期間冷凍した方が繊維が壊れてやわらかくなるので、できるだけ2週間に近いタイミングで食べるのがおすすめ。

主食の冷凍保存

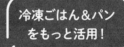

冷凍ごはん＆パン
をもっと活用！

主食の冷凍&解凍の基本

ストックしておくと便利なごはんやパン、うどん、
余りがちなもちの冷凍&解凍方法をチェック!

ごはん

冷める前にラップで包む。
冷凍保存容器に入れる。
おにぎりを作って冷凍しても◎

 冷凍 ごはんが温かいうちに1食分(約120g)ずつ
ラップで平らに包むか、冷凍用保存容器に
入れてふたをする。粗熱
がとれたらラップで包ん
だごはんは冷凍用保存袋
に入れて冷凍庫へ。

 **解凍** ラップのまま電子レンジ(500W)で1食分
につき2分加熱する。冷凍用保存容器は
ふたをずらして、同様に加熱。1食分の
量が120g以上の場合は、様子を見ながら
追加で加熱を。自分の1食分の量を量り、
加熱時間とともに把握しておくとよい。

冷凍用保存容器の選び方

各メーカーが販売するごはん専用の容器を使うとよい。容器の底を
持ち上げる、凹凸をつけるなど工夫が施されており、加熱ムラなく
解凍できる。また、容器内に空気が入らないよう、保存するごはん
の量に対してなるべくぴったりのサイズを選ぶのもポイント。

炊きたてごはんをおにぎりにしておくと便利

具材は梅干し、昆布、さけ、焼きたらこ、おかかなどが冷凍向き。ちりめんじゃこなどの混ぜごはんもよい。
逆に、水分が多い具材や、生のたらこ・明太子、イクラなどの生の具材は避ける。
ツナマヨも解凍の際に分離しやすく不向き。

冷凍 冷凍おにぎりの作り方

ラップでおにぎりを握る

広げたラップに塩をふ
って温かいごはんを盛
り、好みの具をのせる。
雑菌がつかないよう、
ラップで包んで握る。

温かいうちに包む

おにぎりが温かいうちに、
1個ずつラップでぴったり
包むとパサつきにくい。の
りは水分を吸ってふやけて
しまうので巻かないこと。

> **冷凍用保存袋へ**

おにぎりが冷めたら冷凍
用保存袋に入れ、空気を
抜いて袋の口を閉じ、冷
凍する。

 解凍 ラップをしたまま1個(100g)につき電子レンジ(500W)で
2分加熱する。好みでのりを巻いて食べる。

もち

食べきれない場合は冷凍保存がおすすめ。好みの食感別に解凍ワザをマスターして

冷凍　購入直後の冷凍がベスト

個包装されていないもちや、手作りのもちは1切れずつラップで包み、冷凍用保存袋に入れて冷凍庫へ。つきたてのもちは、粗熱をとって食べやすい大きさに切り、ラップで包んで冷凍用保存袋に。個包装された市販のもちは賞味期限が長いため基本的には冷凍不要。期限内に食べきれない場合のみ冷凍を。

解凍

レンチンならもっちり濃密食感に

耐熱皿にオーブンシートを敷き、冷凍もちを置いてラップをせず電子レンジ（500W）で45〜50秒加熱（1個あたり）。芯までもっちりやわらかく、粒あんやきなこと好相性。水を加えてレンチンすれば、ふわふわ食感に。耐熱容器に冷凍もちを入れ、水大さじ1を加えて電子レンジ（500W）で30秒加熱。裏返して、さらに30〜40秒加熱。その後スプーンで練るとつきたてのようなやわらかさに。

オーブントースターならカリッと

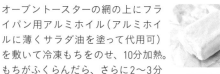

オーブントースターの網の上にフライパン用アルミホイル（アルミホイルに薄くサラダ油を塗って代用可）を敷いて冷凍もちをのせ、10分加熱。もちがふくらんだら、さらに2〜3分焼き、好みの焼き色をつける。焼いてふくらんだもちにしょうゆを塗ると、ふくらみが落ち着いて、しょうゆがよく染みる。焼きのりを巻いて、熱々のうちに召しあがれ。

フライパンで外カリッ＆中とろっ

フッ素樹脂加工のフライパンに冷凍もちを置き、中火で5分加熱し、ひっくり返して5分加熱する。もちがふくらんできたらさらに2〜3分焼いて、好みの焼き色をつける。鉄製のフライパンを使うときは、薄くサラダ油を塗って使用。フライパンで焼くと、外側カリッと中はとろっとした食感に！ 焼きたてに砂糖じょうゆを絡めてみたらし風に。甘辛味が後を引く。

鍋で煮ればとろーんとやわらか

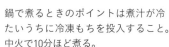
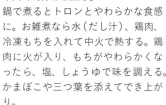

鍋で煮るときのポイントは煮汁が冷たいうちに冷凍もちを投入すること。中火で10分ほど煮る。鍋で煮るとトロンとやわらかな食感に。お雑煮なら水（だし汁）、鶏肉、冷凍もちを入れて中火で煮する。鶏肉に火が入り、もちがやわらかくなったら、塩、しょうゆで味を調える。かまぼこや三つ葉を添えてでき上がり。

うどん

冷凍の際は密封して冷凍焼けを防ぐこと。
凍った状態で素早くゆでれば
食感をキープできる

市販のゆでうどん

 冷凍　個包装のゆでうどんを袋のまま冷凍用保存袋に入れる。空気を抜いて袋の口を閉じ、冷凍庫へ。

 解凍　鍋にたっぷりの湯を中火で沸かし、凍ったままゆでうどんを入れ、麺がほぐれるまでゆでる。もしくは凍ったままのゆでうどんを袋から取り出して耐熱容器に入れ、ふんわりとラップをして1食分（約180g）につき、電子レンジ（500W）で3分〜3分30秒熱くなるまで加熱する。

ゆでた乾麺

 冷凍　うどんを1食分（約170g）ずつ小分けし、平らにしてラップでぴったりと包む。冷凍用保存袋に入れ、空気を抜いて袋の口を閉じ、冷凍する。冷凍庫で1ヶ月程度保存可能。

 解凍　鍋にたっぷりの湯を沸かし、凍ったままうどんを入れ、1食分（約170g）につき約1分15秒ゆでる。もしくは凍ったままのうどんをラップから外して耐熱容器に入れ、ふんわりとラップをして1食分（約170g）につき、電子レンジ（500W）で約3分熱くなるまで加熱する。

生うどん

 冷凍　ニオイ移りを防ぐため、うどんについた打ち粉（強力粉）を軽く落とす。1食分ずつ小分けし、平らにしてラップでぴったりと包む。冷凍用保存袋に入れ、空気を抜いて袋の口を閉じ、冷凍する。生うどんは、商品によってゆで時間が大きく異なるため、冷凍用保存袋にゆで時間を書いておくと安心。

 解凍　鍋にたっぷりの湯を中火で沸かし、凍ったままの生うどんを入れ、パッケージの表記時間＋1分ゆでる。

 **食パン** おいしさをキープしたまま
保存するなら、「冷凍」がおすすめ。

❶小分けにする、❷ラップに包む、❸密封できる袋または容器に入れる、❹素早く冷凍する、
が保存の鉄則。

パン全般の冷凍の基本

すぐに食べないパンは食べる大きさにカットし、小分けにしてラップで包む。スライスされている食パンの場合も、購入時の袋のままだと乾燥やニオイ移りの原因となるため、1〜2枚ずつ小分け保存を。

小分け冷凍せず、なんとなく冷蔵庫に入れてしまう……という方は注意。パンの主成分であるデンプンは冷蔵庫の温度帯で劣化（老化）しやすいため、おいしさと品質が損なわれる。おいしく食べるなら、早めに「冷凍」が鉄則。どのパンの場合も、2週間がおいしく食べられる冷凍保存期間の目安。なるべく早く食べきろう。

パン全般の解凍の基本

冷凍したパンの解凍（リベイク）には、フライパン・魚焼きグリル・焼き網などさまざまな方法があるが、中でもおすすめは、王道のオーブントースター。パンの特性に合わせて温度や時間を調整しやすいのが一番の理由。焼いている間に目が離せない焼き網やグリルよりも手間や失敗が少ない。

また、パンを凍ったまま焼くと表面だけが焼けて中まで温まらない場合があるため、厚みのあるパンはある程度、自然解凍してから焼くのがおすすめ。食パンや均一の厚さにスライスして冷凍したパンは凍ったままリベイクしても均等に火が通る。

食パン

 冷凍 1枚か2枚ずつラップで包んで
小分け冷凍するのがコツ。

1. 1枚か2枚ずつ、ラップで包む。
2. パンに対して大きめの冷凍用密閉保存袋に、パンが潰れないように余裕を持って入れ、空気を抜いて冷凍する。2週間以内を目安に食べきる。

 解凍 この方法で
簡単に食感が復活する。

1. トースターを予熱する。
2. 食パンを凍ったままトースターに入れ、4〜4分半焼く（6枚切りの目安）。下記の注意点を参照。

╭─ **パンをトースターで焼くときの注意点** ─╮

トースターの機種やパンのサイズなどによって焼き上がりの状態は異なるため、様子をみて時間を加減する。

炊き込みごはん

冷凍する場合の注意点

1
冷凍で食感が変わる「豆腐」や「こんにゃく」を具に使うのは避ける。もしくは、取り除く。

2
具材の切り方が大きいと冷凍で食感が変わりやすく、小さすぎると炊飯時に縮むので注意（レシピに記載のサイズを参考に）。

3
具材の食感が損なわれやすいため、2週間以内を目安に早めに食べ切る。

定番具材で作る、
和風しょうゆベースの炊き込みごはん

五目炊き込みごはん

【材料】（米3合分）

米…3合

鶏もも肉（ひと口大に切る）…180g

にんじん（千切り）…60g（約⅓本）

しいたけ（薄切り）…3枚分

ごぼう（千切り）…60g（約⅓本）

油揚げ（短冊切り）…2枚分

A 和風だし（顆粒）…大さじ1
しょうゆ…大さじ1
みりん…大さじ3

【作り方】

米をといで炊飯器に入れ、**A**を入れたら、3合の目盛りまで水を入れる。その後、残りすべての材料を加えて炊く。

ツナとコーンの炊き込みごはん

具材は2つだけ！
常備食材で作れるのもうれしい

【材料】（米3合分）

米…3合
ツナ缶
　（オイル漬け、油を切る）
　…2缶
冷凍コーン
　（凍ったまま使う）…200g
大葉（千切り）…適量
※なければお好みの薬味でもOK

A｜塩…小さじ1
　｜酒…大さじ2

【作り方】

米をといで炊飯器に入れ、**A**を入れたら、3合の目盛りまで水を入れる。その後、大葉以外の残りすべての材料を入れて炊く。食べる際には、お好みの量の大葉を添える。

 冷凍 熱いうちに1食分（約150g）ずつラップで包み、冷めてから冷凍用保存袋に入れて冷凍。

 解凍 電子レンジ（500〜600W）で2分程度を目安に温める。

豚肉としめじの中華風炊き込みごはん

市販のチャーシューを使えば簡単に作れる

【材料】（米3合分）

米…3合
ぶなしめじ
　（石づきを除き、大きめの房に分ける）
　…1パック
チャーシュー（1.5cm角切り）…180〜200g（約10枚）

A｜中華だし（顆粒）…大さじ½
　｜酒…大さじ3
　｜オイスターソース…大さじ3

【作り方】

米をといで炊飯器に入れ、**A**を入れたら、3合の目盛りまで水を入れる。その後、残りすべての材料を入れて炊く。

Idea
炊き込みごはんの味つけ黄金比

よく使う4種類の味つけの調味料の黄金比と、
1合あたりの分量をご紹介！

和風（しょうゆ）

和風だし（顆粒）：しょうゆ：
　みりん＝1：1：3
【1合あたりの分量】
和風だし（顆粒）…小さじ1
しょうゆ…小さじ1
みりん…大さじ1

和風（塩）

塩：酒＝1：6
【1合あたりの分量】
塩…小さじ⅓
酒…小さじ2

中華風

中華だし（顆粒）：酒：
　オイスターソース＝1：6：6
【1合あたりの分量】
中華だし（顆粒）…小さじ½
酒…大さじ1
オイスターソース…大さじ1

洋風

コンソメ（顆粒）のみ
【1合あたりの分量】
コンソメ（顆粒）…小さじ1

※調味料1種類のため、比率ではないが、便宜上「黄金比」としている

フライパン1つでささっと作れる、チャーハンの簡単レシピ

チャーハン

さけチャーハン

さけフレークを使えば、
下処理不要で手軽に作れる

しいたけ、玉ねぎを足して満足度アップ

ガツンとパンチのある味わい

【材料】（2人分）
温かいごはん…400g
さけフレーク…大さじ4
玉ねぎ…¼個
しいたけ…3枚
卵…2個
塩・こしょう…各少々
サラダ油…小さじ3
A｜鶏がらスープの素（顆粒）…小さじ1
　｜塩・こしょう…各少々
ごま油…少々
かいわれ大根…適量

【作り方】
1. 玉ねぎはみじん切りにする。しいたけは軸を除いて8mm角に切る。かいわれ大根は根元を切り落とし、半分の長さに切る。
2. ボウルに卵を割り入れて溶きほぐし、塩、こしょうを加えて混ぜる。
3. フライパンにサラダ油小さじ2を入れて中火で熱し、2を流し入れて手早く混ぜ、半熟状になったら一度取り出す。
4. フライパンに残りのサラダ油を入れて中火で熱し、玉ねぎ、しいたけを炒める。玉ねぎが透き通ってきたらごはん、さけフレークを加えてさっと炒める。Aで調味し、3を戻し入れてさっと混ぜ、ごま油を回し入れる。
5. 器に盛り、かいわれ大根をのせる。

カレーチャーハン

トッピングの卵黄を絡めながら召し上がれ！

【材料】（2人分）
温かいごはん…400g
合いびき肉…150g
玉ねぎ…¼個
にんにく…1片
サラダ油…小さじ2

A｜カレー粉…大さじ1
　｜トマトケチャップ…小さじ1
　｜鶏がらスープの素（顆粒）…小さじ1
　｜塩・こしょう…各少々
ごま油…少々
卵黄…2個分

【作り方】
1. 玉ねぎ、にんにくはみじん切りにする。
2. フライパンにサラダ油を入れて中火で熱し、1を炒める。玉ねぎが透き通ってきたらひき肉を加えて炒める。肉がパラパラになったらAで調味し、ごはんを加えてさっと炒め、ごま油を回し入れる。
3. 器に盛り、卵黄をのせる。

冷凍　1食分（230g）ずつラップで包み、冷凍用保存袋に入れる。空気を抜いて袋の口を閉じ、冷凍する。

解凍　ラップをしたまま耐熱皿にのせ、電子レンジ（500W）で1食分につき3分30秒加熱する。

オムライス

チキンライスを冷凍ストック！
卵が半熟のうちに包めば
ふわとろに仕上がる

チキンライスを冷凍しておこう

【材料】（2人分）

チキンライス

- 温かいごはん…280g
- 鶏もも肉…¼枚（約80g）
- 玉ねぎ…¼個
- ピーマン…2個
- オリーブ油（チキンライス用）…小さじ2
- トマトケチャップ（チキンライス用）…大さじ3
- 塩・こしょう…各少々

包む卵

- 卵…4個
- オリーブ油（卵用）…小さじ4
- トマトケチャップ（仕上げ用）…適量

【作り方】

1. ピーマンは粗みじん切り、玉ねぎはみじん切りにする。鶏肉は1.5cm角に切る。
2. フライパンにオリーブ油（チキンライス用）を入れて中火で熱し、玉ねぎ、鶏肉を炒める。
3. 鶏肉に火が通ったらトマトケチャップ（チキンライス用）を加え、さっと炒める。
4. 3にごはん、ピーマンを加えて軽く炒め、塩、こしょうで味を調えたらチキンライスの完成。

チキンライスの冷凍&解凍方法

1食分ずつラップで包み、冷凍用保存袋に入れる。空気を抜いて袋の口を閉じ、冷凍庫で保存。

冷凍したチキンライスはラップをしたまま電子レンジ（500W）で1食分（約200g）につき3分加熱する。

【卵で包む】

1. チキンライスをボウルでラグビーボール状に形を整える（写真❶）。別のボウルに卵の半量を割り入れ、菜箸などで溶きほぐす。塩、こしょうを加え、混ぜる（卵液は1人分ずつ作る）。
2. フライパンにオリーブ油（卵用）の半量を入れて強めの中火で熱し、1の卵液を一気に加え、フライパン全体に広げる。火の通りにくい中心の膨らんだ部分だけを菜箸で潰すようにし（かき混ぜないでOK）、半熟状になったら火を止める。
3. 卵の中央に1のチキンライスをのせ、卵を奥、手前の順にかぶせる。フライパンを奥に傾け、卵の手前からゴムベラで押し、全体を奥に寄せる。
4. フライパンの柄を利き手で持ち、器をもう片方の手で持ってフライパンに近づけ（写真❷）、卵の合わせ目が下になるようにひっくり返し、器に移す。形が悪い場合はペーパータオルをかぶせて形を整える。もう1人分も同様に作る。
5. トマトケチャップをかけ、好みでパセリ・ミニトマト適量（ともに分量外）を添える。

簡単に作るなら、卵をのせるだけ

チキンライスをあらかじめ器に盛り、その上に卵を包む工程2の半熟状にした卵をのせるだけ。半熟加減を好みの状態に調整しやすい。

保存 1ヶ月

やわらかく
ジューシーに
仕上がる

豚丼

調味料の黄金比の味がバシッと決まる

【材料】（2人分）

豚肩ロース切り落とし肉…250g

片栗粉…大さじ1

A
 ┃ 酒…大さじ1
 ┃ にんにく（すりおろし）…小さじ1（チューブ可）
 ┃ 塩・こしょう…各少々

玉ねぎ…½個

サラダ油…適量

しょうゆ…大さじ2

みりん…大さじ3

温かいごはん…丼2杯分

紅しょうが・青ねぎ（小口切り）・
　いりごま（白）…各適量（お好みで）

【作り方】

1. 玉ねぎは5mm幅の薄切りにする。

　　玉ねぎは多少厚くなってもOK。その分、しん
　　なりするまでしっかり炒めて。

2. バットの上にラップを敷き、豚肉を広げてAをふ
　 って軽くまぶす。片栗粉を茶こしでまんべんなく
　 ふり、手で肉を軽くほぐし全体にまぶす。

3. フライパンにサラダ油を中火で熱し、玉ねぎを入
　 れてしんなりするまで炒め、真ん中を空けて豚肉
　 を広げて加える。

4. 焼き色がついたら裏返し、同様に焼く。焼いてい
　 るときはむやみに肉を触らず、しっかり焼き色を
　 つける。玉ねぎは焦げないようにたまに混ぜる程
　 度でOK。

5. しょうゆとみりんを加える。少し加熱すると片栗
　 粉のとろみで照りが出るので、すぐに火を止める。

　　肉にはすでに火が通っているので、これ以上
　　加熱するとかたくなる。

6. 丼にごはんを盛り、豚丼の具をのせてたれをかける。
　 お好みで紅しょうがを添え、青ねぎ、ごまをちらす。

Idea

豚丼レシピ3つのコツ

❶ 肉に片栗粉をまぶし、
　 やわらか＆ジューシーに

肉のパサつきが抑えられ、やわらかく仕上
がる。たれが絡みやすくなる効果も。

❷【しょうゆ2：みりん3】の
　 黄金比で味がバシッと決まる

砂糖ではなくみりんを
使うことでたれが多め
になり、ごはんにしっ
かり染み渡る。　みり
んを多めにすることで酒は使わない。また、
砂糖でなくみりんにすることで、たれの多
い丼になりおいしい。

調味料の黄金比

しょうゆ2　みりん3

❸ 肉はやわらかくて食べ応えのある
　「肩ロース肉」一択！

豚丼で薄切り肉を使う場合は、脂がほどよ
く入った肩ロース肉がやわらかくておすす
め。豚バラ肉は脂が多い分、加熱すると脂
が溶けて身が縮まり目減りしやすい。

冷凍　豚丼の具は粗熱をとり、1
人分ずつ冷凍用保存袋に平
らに入れる。空気を抜くよ
うに口を閉じ、金属製のバ
ットにのせて冷凍する。凍
ったら立てて保存できる。

解凍　袋から出して耐熱皿にのせ、ラップをかけて電
子レンジ（600W）で約2分30秒加熱する。

フライパンであっという間に完成！

生クリームを使わず、ヨーグルトでさっぱり、
マイルドに仕上げる

ビーフストロガノフ

【材料】（2人分）

牛切り落とし肉…150g
　※薄切り肉やこま切れ肉でも可
塩・こしょう…各少々
玉ねぎ…½個
バター…大さじ2
小麦粉…大さじ1と½

A | 水…⅓カップ
　| コンソメ（顆粒）…小さじ½

プレーンヨーグルト（無糖）…150g
塩…小さじ¼
砂糖…少々

【作り方】

1. 牛肉は食べやすい大きさに切り、塩、こしょうをやや強めにふる。玉ねぎは薄切りにする。

2. フライパンにバター半量を入れて中火で溶かし、牛肉を炒める。肉の色が完全に変わったら一度、皿に取り出す。

3. 2のフライパンに残りのバターを入れて中火で溶かし、玉ねぎを炒める。しんなりしたら小麦粉をふり入れ、粉っぽさがなくなったらAを加えて1〜2分煮る。ヨーグルトを加えて混ぜ、1分ほど煮たら、2の牛肉を戻し入れ、さらに1分ほど煮て、塩、砂糖で味を調える。

 冷凍　しっかり冷まして1食分ずつ冷凍用保存容器に入れ、ふたをして冷凍する。

 解凍　冷凍用保存容器のふたをずらし、電子レンジ（600W）で様子を見ながら1食あたり4〜5分加熱する。

芯が少しや残る程度にすり潰すのがポイント

ご存知、秋田県の郷土料理。
実はごはんがあれば
すぐ作れる手軽な料理！

きりたんぽ

【材料】（2人分／3本分）

温かいごはん…米1合分（茶碗2杯／約330g）
　※冷やごはん、冷凍ごはんを再加熱したもので
　もOK！

塩水…適量

割り箸…3膳（割らずに水につけて湿らせておく）

冷凍
1本ずつラップで包み、冷凍用保存袋に入れて、できるだけ空気を抜くように口を閉じ、金属バットにのせて冷凍。冷凍状態では切りにくくなるため、半分で使用する場合はあらかじめ斜め半分に切っておくとよい。

解凍
凍ったまま鍋や味噌たんぽ、揚げたんぽに使える（冷凍の場合の加熱時間は約2倍が目安）。

【作り方】

1. 温かいごはんをボウルに入れ、濡らした麺棒で七分程度にすり潰す（写真❶）。麺棒がない場合は、冷凍用保存袋など厚手の食品用のポリ袋にごはんを入れ、手で潰すか、瓶などで叩いて潰す（写真❷。割れないよう注意）。

2. 手に塩水をつけ、すり潰したごはんを3等分にして丸くまとめる。

3. 割り箸に刺して棒状に成形する。割り箸は割らずに、持ち手の太い方をごはんに刺すと安定しやすい（写真❸）。まな板の上で転がして形を整える（写真❹）。

4. フッ素樹脂加工のフライパンに並べ（ない場合は、フライパン用ホイルシートを使う）、転がしながら全体に焼き色をつける（弱火～中火）。表面が乾いて全体がこんがりと色づいたらOK。

5. 粗熱をとり、割り箸を抜いて斜め半分に切る。冷えると割り箸が抜きにくくなるので、触れる程度に粗熱がとれたら、割り箸を抜く。

定番の鍋以外のレシピも！
きりたんぽでアレンジ

冷凍したきりたんぽを使う場合は加熱時間を2倍にする。

きりたんぽ鍋

本場「きりたんぽ鍋」を、家庭用に簡単アレンジ

【材料】（2人分）
きりたんぽ…3本（斜め半分に切ったもの6切れ）
鶏もも肉…1枚
ごぼう…30㎝×2本
まいたけ…1パック
長ねぎ…1本
セリ…1束

A
水…2と½カップ（500㎖）
鶏がらスープの素（顆粒）…小さじ1
酒…大さじ2
しょうゆ…大さじ1
みりん…大さじ1
塩…小さじ⅔

【作り方】
1. 鶏肉はひと口大に切る。ごぼうはささがきにして水にさらしておく。まいたけは石づきを取って小房にほぐし、長ねぎは斜め切り、セリはざく切りにする。
2. 鍋にAを合わせて火にかけ、ひと煮立ちしたら鶏肉を入れる。
3. 鶏肉の色が変わったら、ごぼう、まいたけを加えて煮る。
4. ごぼうがやわらかくなったら、長ねぎ、きりたんぽを加えてひと煮し、食べる直前にセリを加える。

味噌たんぽ

甘辛い味噌がくせになる味わい

【材料】（2人分）
きりたんぽ…2本
サラダ油…適量
（フライパン用ホイルシートを使う場合は不要）

A
味噌…大さじ1
砂糖…大さじ½
酒…小さじ1

【作り方】
1. Aを混ぜ合わせる。
2. オーブントースターの天板にフライパン用ホイルシートを敷く（なければ、アルミホイルにサラダ油を塗る）。
3. きりたんぽを2に並べて上面に1を塗り、約10～12分加熱する。こんがり焦げ目がつけば完成。食べやすく切り分ける。

揚げたんぽ

「あられ」のような食感の新感覚きりたんぽ

【材料】（2人分）
きりたんぽ…2本
サラダ油…適量
しょうゆ…適量

【作り方】
1. フライパンに多めのサラダ油を熱し、きりたんぽを入れて揚げ焼きにする。
2. 揚げたてにしょうゆをハケで塗り、4等分に切る。

ごはん・もち・食パン

冷凍主食活用レシピ

冷凍主食の定番、ごはん・もち・食パンを使った、アレンジレシピ。いつも通り解凍して食べる以外のレシピにトライしよう。

旨みをギュッと吸収

冷凍主食活用レシピ

冷凍ごはん

ごはん
の冷凍方法

∨

p98参照

ほどよく水分が抜けた
冷凍ごはんだからこそおいしく仕上がる。

冷凍ごはんのおかげで米の粘りが出にくく、さらっとした仕上がりに

きのこリゾット

【材料】（2人分）

冷凍ごはん
　（茶碗1杯分・約160gをラップで包み、冷凍したもの）
　　…2個
まいたけ…½パック（50g）
玉ねぎ…¼個
白ワイン…大さじ1
ブイヨンスープ（洋風顆粒だしを湯で溶いたもの）
　　…150㎖
牛乳…150㎖
塩…小さじ½
黒こしょう…少々
オリーブ油…大さじ1
バター…大さじ1
粉チーズ…適量

【作り方】

1. 冷凍ごはん2個は、ラップをしたまま耐熱容器にのせ、電子レンジ（600W）で2分ほど加熱する。玉ねぎはみじん切りにし、まいたけは食べやすい大きさに手でほぐす。

2. 鍋にオリーブ油を中火で熱し、玉ねぎを入れてしんなりするまで炒める。まいたけを加えて炒め、白ワインを加えてアルコールを飛ばし、ブイヨンスープを注いで具に火が通るまで煮る。

3. 2に牛乳を入れて温め、ごはんとバターを加えて混ぜ、ひと煮立ちしたら塩とこしょうで味を調える。ごはんがスープを吸うので、まだ汁気のある状態で火を止めるのがベスト。器に盛って粉チーズをふり、早めに食べて。

ほぐれやすいので他の具材とよく混ざり、
上手に作れる

チヂミ風お焼き

【材料】（2人分）

冷凍ごはん
　（茶碗1杯分・約160gをラップで包み、冷凍したもの）
　…1個
青ねぎ…2本
桜えび・ちりめんじゃこ…各大さじ1
小麦粉…大さじ3
片栗粉…大さじ2
和風だし（顆粒）…小さじ½
水…大さじ4
塩…小さじ¼
ごま油…大さじ1

【たれ】

しょうゆ・ごま油
　…各小さじ1
砂糖・酢…各小さじ½
ラー油…少々
いりごま（白）…適量

【作り方】

1. 冷凍ごはんは、ラップをしたまま耐熱容器に入れ、電子レンジ（600W）で1分30秒ほど加熱する。青ねぎは小口切りにする。たれの材料は混ぜ合わせておく。

2. ボウルにごはん、青ねぎ、桜えび、ちりめんじゃこ、小麦粉、片栗粉、和風顆粒だし、水、塩を入れ、スプーンで全体がなじむまで混ぜる。

3. フライパンにごま油を中火で熱し、2を入れて薄く丸く広げ、両面をこんがり色づくまでカリッと焼く。食べやすく切って器に盛り、スプーンなどで表面にたれを塗る。残ったたれはお焼きに添え、好みでつけて食べる。

カリッと食感で箸が進む

冷凍角切りもち

切りもち1個丸ごとだと食べにくくても「角切り」で冷凍すれば、
普段の料理にちょい足しでどんどん使える。

角切りもちの冷凍&解凍方法

冷凍 切りもちは、包丁のみねを押すようにして6等分に切る。冷凍用保存袋にもちを平らに入れ、空気を抜くように口を閉じる。金属製のバットにのせて冷凍。乾燥を防ぎたい場合は切りもち1個分ずつをラップで包んで冷凍用保存袋に入れてもよい。

解凍 凍ったまま加熱調理に使う。トレイにのせ、オーブントースターで軽く焼き色がつくまで焼いてサラダのクルトン代わりに使ってもおいしい。

保存 1ヶ月

もちグラタン

もちがとろみになって
簡単にホワイトソースが作れる。
冷めてもかたくなりにくい

お弁当にもおすすめ

【材料】(1人分)
冷凍角切りもち…6個(切りもち1個分)
鶏もも肉(ひと口大に切る)…50g
玉ねぎ(薄切り)…¼個分
ブロッコリー(冷凍でも可・半分に切る)…小房2個分
ピザ用チーズ(シュレッドタイプ)…適量
牛乳…200㎖
コンソメ(顆粒)…小さじ½
塩・こしょう…各適量
サラダ油…小さじ2

【作り方】
1. 耐熱ボウルにもち、牛乳を入れ、ラップをせずに電子レンジ(600W)で約4分加熱する。ボウルを取り出し、もちの形が完全になくなるまでよく混ぜ、コンソメ、塩、こしょう各少々を加えて混ぜる。
2. フライパンにサラダ油を中火で熱し、鶏肉、玉ねぎ、ブロッコリーを炒め、塩、こしょう各少々で味を調える。
3. 2を耐熱皿に入れ、1、チーズをのせてオーブントースターで焼き色がつくまで焼く。

米ともちを一緒に炊くだけ!

もっちりおこわ風

**もちをごはんに絡めて一体化させると
まるでおこわのように**

【材料】（米2合分）
冷凍角切りもち…6個（切りもち1個分）
米…2合
豚バラ薄切り肉（3cm幅に切る）…100g
酒…大さじ2
にんじん（千切り）…½本分（70g）
しめじ（小房にほぐす）…½パック分（50g）
長ねぎ（2cm幅に切る）…⅔本分（70g）
　　　オイスターソース…大さじ1
A　しょうゆ…小さじ2
　　　鶏がらスープの素（顆粒）…小さじ1

【作り方】
1. 豚肉は酒をまぶす。米はといで炊飯器に入れ、1合の目盛りまで水を入れて20分浸す。Aを加えて混ぜ、2合の目盛りよりやや少なめになるよう水を加える。その上にすべての具材をのせ、通常通り炊く。
2. もちが全体になじむまでしゃもじでしっかり混ぜる。

もちもち パンケーキ

**生地の粘りが強いが、
混ぜているうちにまとまるので
根気よく混ぜて**

【材料】（2枚分）
冷凍角切りもち…12個（切りもち2個分）
牛乳…150mℓ
溶き卵…1個分
ホットケーキミックス（市販）…150g
サラダ油…適量
バター・はちみつ…各適量

【作り方】
1. 耐熱ボウルにもち、牛乳を入れ、ラップをせずに電子レンジ（600W）で約4分加熱する。ボウルを取り出し、もちの形がなくなるまで混ぜる。
2. 1の粗熱をとり、溶き卵、ホットケーキミックスを順に加え、その都度よく混ぜる。
3. 2の生地の半量をサラダ油を引いたフライパンに流し入れたら弱火～中火で約3分焼き、裏返してふたをし、約3分焼く。残りも同様に焼く。皿に盛り、バターをのせ、はちみつをかける。

食べ応え十分で大満足!

冷凍食パン

食パンの冷凍方法
∨
p101参照

トーストに飽きたら、
冷凍食パンを解凍して
ホットサンドを!

まずは解凍

> 冷凍食パン（スライス）は大きさに応じて室温で10〜30分程度置いて自然解凍してから具材を挟んでホットサンドにする。

ホットサンド
基本の作り方

① パンにバターを塗る

食パン（8枚切りがよい）のふち（耳から1cm）を残して、食パン2枚の片面にバターを塗る（バターは2枚で大さじ½が目安）。バターを塗るとパン同士がくっつきにくくなるため、ふちはバターを塗らないようにする。

ふちは1cm残す

② パンに具材を挟む

食パン1枚のバターを塗った面に具材をのせ、もう1枚の食パンのバターを塗った面を内側にして重ね、サンドイッチを作る。

バターを塗らなかった部分に牛乳を塗ると、パン同士がくっつきやすくなる。

③ ふちを作る

食パンの耳を内側に倒して強く押し、食パン同士をくっつける。4辺すべて行い、ふちを作る。

フライパンで焼く
ふちまでカリッとおいしい

④ 重しでプレスして焼く

フライパンにバター小さじ1を入れて弱火で溶かし、❸を入れる。サンドイッチの上から重しをのせてプレスしながら2分ほど焼く。重しは鋳物ホーロー鍋などの重いふたを使うといい。ふたが軽い場合は上から手で押しながら焼けばOK。

⑤ 裏返して反対側も焼く

焼き色がついたらフライ返しで裏返し、さらに重しをしながら1分30秒ほど焼く。好みの大きさに切り、器に盛る。

オーブントースターで焼く
ふっくら仕上がる

④ アルミホイルを敷いて焼く

❸をアルミホイルを敷いた天板に置き、オーブントースター（200℃目安）で3分ほど焼く。

⑤ 裏返して反対側も焼く

焼き色がついたら裏返し、さらに焼き色がつくまで1分30秒ほど焼く。好みの大きさに切り、器に盛る。

ベーコンエッグの
ホットサンド

**時間に余裕がある、
週末の朝に作ってみて**

【材料】(2人分)
冷凍食パン(8枚切り)…4枚 ※p114の方法で解凍
卵…2個
スライスベーコン(半分の長さに切る)…3枚
バター…大さじ1 ※室温に戻しておく
粒マスタード…小さじ1
サラダ油…小さじ1
塩・こしょう…各少々

【作り方】
1. フライパンにサラダ油を入れて弱めの中火で熱し、卵を割り入れ、塩、こしょうをふり、好みの焼き加減になるまで焼く。その横でベーコンを炒める。
2. パンは片面にバターと粒マスタードを混ぜたものを耳より1cm内側まで塗る。**1**を挟み、耳を内側に倒して押す。
3. フライパンにバター小さじ1(分量外)を入れて弱火で溶かし、**2**を入れる。サンドイッチに重しをのせてプレスしながら2分ほど焼く。目玉焼きの黄身が潰れてしまうので、アルミ製などの軽めのふたやバットでプレスしながら焼くといい。
4. 焼き色がついたら裏返し、さらに1分30秒ほど焼く。もう1組も同様に焼く。半分に切り、器に盛る。好みでブロッコリー、ミニトマト各適量(分量外)を添える。

朝ごはんにぴったり!

おやつにどうぞ!

マシュマロ
チョコの
ホットサンド

**とろける食感がたまらない!
スイーツ系ホットサンド**

【材料】(2人分)
冷凍食パン(8枚切り)…4枚 ※p114の方法で解凍
板チョコレート…2/3枚
マシュマロ…6個
バター…大さじ1 ※室温に戻しておく

【作り方】
1. マシュマロは半分に切る。チョコレートは1かけずつ割る。
2. パンは片面にバターを耳より1cm内側まで塗る。**1**を挟み、耳を内側に倒して押す。
3. フライパンにバター小さじ1(分量外)を入れて弱火で溶かし、**2**を入れる。サンドイッチの上から重しをのせてプレスしながら2分ほど焼く。
4. 焼き色がついたら裏返し、さらに重しをしながら1分30秒ほど焼く。もう1組も同様に焼く。4等分に切り、器に盛る。

トッピング食パン

冷凍保存の際にひと手間プラスするのみ。
食べるときはオーブントースターで焼くだけなので、忙しい朝やおやつに◎。

 冷凍 具材をのせた食パンをラップでぴったり包み、冷凍用保存袋に入れて冷凍。

 解凍 冷凍庫から出して常温で3〜5分戻す。その後、オーブントースターで5〜6分程度焼く。

アボカド かに風味トースト

鮮やかな見映えもおいしい

【材料】（1人分）
食パン（6枚切り）…1枚
アボカド…小½個
かに風味かまぼこ…1本
マヨネーズ…小さじ2

【作り方】
アボカドは5mm幅に切り、かに風味かまぼこは細く裂く。食パンにマヨネーズを塗り、アボカドを全体に並べ、かに風味かまぼこをちらして冷凍する。焼き方は「解凍」参照。焼いた後、お好みで黒こしょう（分量外）適量をふると、ピリッと刺激のある大人な味わいに。

中華風ツナ＆ マヨトースト

ツナ缶をさば水煮缶で代用するのもおすすめ

【材料】（1人分）
食パン（6枚切り）…1枚
ツナ缶（オイル漬）…½缶（35g）
コーン缶（市販の冷凍コーンでもOK）
　…小さじ2
青ねぎ（小口切り）…小さじ2
A｜オイスターソース…小さじ1
　｜マヨネーズ…小さじ2

【作り方】
Aを混ぜ合わせ、食パンに塗る。缶汁をしっかり切ったツナ、コーンをのせ、青ねぎをちらして冷凍する。焼き方は「解凍」参照。

はんぺんチーズトースト

賞味期限が短いはんぺんも一緒に冷凍できる、お得な一品

【材料】（1人分）
食パン（6枚切り）…1枚
はんぺん…½枚
ピザ用（シュレッド）チーズ…大さじ2
青ねぎ（小口切り）…小さじ1
マヨネーズ…小さじ2

【作り方】
はんぺんは1cm角に切る。食パンにマヨネーズを塗り、はんぺんを全体に敷き詰め、チーズと青ねぎをちらして冷凍する。焼き方は「解凍」参照。

しらす
ねぎトースト

絶妙なコンビ！ 冷凍しても
マヨネーズの風味はしっかり残る

【材料】（1人分）
食パン（6枚切り）…1枚
しらす…大さじ1
青ねぎ（小口切り）…小さじ2
マヨネーズ…小さじ2

【作り方】
食パンにマヨネーズを塗り、しらす、青ねぎをちらして冷凍する。焼き方は「解凍」参照。

ピーナッツ
バナナトースト

バナナは冷凍保存に最適。
メープルシロップやはちみつで
甘さを足しても◎

【材料】（1人分）
食パン（6枚切り）…1枚
バナナ…½本
ピーナッツバター…大さじ1

【作り方】
バナナは5mm幅の斜め薄切りにする。食パンにピーナッツバターを塗り、バナナを並べて冷凍する。焼き方は「解凍」参照。

アボカド
かに風味トースト
マヨネーズ
中華風ツナ＆
チーズトースト
はんぺん
チーズトースト
しらす
ねぎトースト
ピーナッツ
バナナトースト

フレンチトースト

浸け込みなしでジューシー！

誰でもプロの仕上がりに

フレンチトーストにおすすめのパンって？

一般的にフレンチトーストは、フランスパンや山形食パンなどできるだけ生地の目が粗いパンを使用すると卵液の染み込みが早くなる。目の細かい角型食パンを使用する場合は、今回紹介する「下味冷凍」や「冷凍パンで」のレシピで作るのがおすすめ。また、8枚切りなど薄くカットした食パンを使用する場合は、2枚重ねにして焼くとボリューム感が出てリッチな仕上がりになる。

下味冷凍

卵液に浸した状態で下味冷凍しておこう。
すみずみまで卵液が染み込んだ、ふわとろ食感のフレンチトーストをいつでも食べられる。

【作り方】

❶ 卵液を作る

全卵2個をボウルに溶き、白身を切るようにしてよくほぐす。砂糖大さじ2、塩少々を加えて泡立て器で泡立てないよう混ぜ、牛乳150mℓを加えてさらに混ぜる。茶こしなどを使ってこすとなめらかな仕上がりになる。

❷ パンを卵液に浸す

食パン（4枚切り）1枚はあらかじめ食べやすい大きさ（2等分、または4等分）にカットしておく（凍ったまま焼き始めるため）。Mサイズの冷凍用保存袋にパンを入れ、❶の卵液を静かに流し込む。

耳を落とした厚切りの食パンを使えばホテルのカフェのような仕上がりに。パンがぴったり入る大きさの冷凍用保存袋を使うと卵液がよく染み込む。

❸ 空気を抜いて密封し、冷凍庫へ

袋の空気を抜くとパンが卵液にまんべんなく浸り、卵液がムラなく染み込みやすくなる。液もれで庫内が汚れるのを防ぐため、バットなどにのせて冷凍庫へ。ひと晩以上冷凍する。

冷凍用保存袋を密封するときは、水圧を利用して空気を抜く方法がおすすめ。水を張ったバットやボウルに口を少し開けた冷凍用保存袋を浸し、少しずつ空気を押し出して完全に口を閉じるとよい。

これで冷凍庫にイン！

解凍

【調理方法】

1. 熱したフライパンにサラダ油大さじ½を引き、下味冷凍したフレンチトースト1枚分を凍った状態でのせる。ふたをして弱火で約13分蒸し焼きにする。

2. 焼き色がついたら裏返して鍋肌からバター大さじ½を入れ、さらに弱火で12分、裏面がこんがりとするまで焼く。好みで粉砂糖やはちみつなどをトッピングする。

最初はサラダ油で焼くと焦げにくい

解凍している間に焦げないように、最初はバターではなくサラダ油を使う。パンは厚みがあると火が通るのに時間がかかり、逆に薄いと焦げやすいので、ときどき持ち上げて裏面を確認しながら焼くとよい。中心に竹串を刺して卵液がついてこなければ火が通ったサイン。

凍ったままの冷凍パンで
簡単フレンチトースト

冷凍保存しておいたパンを凍ったまま卵液に浸して電子レンジで解凍すると、
解凍の過程で卵液がどんどん染み込むので、一般的な作り方より時短に！
卵液を短時間で染み込ませやすく、
解凍にも時間がかからない薄めの食パン（6枚切り）を使うのがおすすめ。

【作り方】

① 冷凍パンを卵液に浸す

全卵1個をボウルに溶き、白身を切るように
してよくほぐす。砂糖大さじ1、塩少々を加
えて泡立て器で泡立てないよう混ぜ、牛乳75
㎖を加えてさらに混ぜる。茶こしなどを使ってこすとなめらかな仕上がりになる。

冷凍パンは凍ったままでも切れるので、包丁などで4等分にカットしておくと、より卵液が染み込みやすくなる。

② 電子レンジで加熱する

電子レンジ（500W）で30秒加熱し、パンをひ
っくり返して同様に30秒加熱することで、卵
液を染み込ませる。

③ フライパンで蒸し焼きに

熱したフライパンにサラダ油小さじ1を引く。
卵液を染み込ませたパンをのせてふたをし、
弱火で約2分蒸し焼きにする。

④ 焼き色がつくまで焼く

焼き色がついたら裏返
し、鍋肌からバター適
量を入れて弱火でさら
に約1分焼き、裏面も
こんがりと仕上げる。

焦げないように、最初は焦げやすいバター
ではなくサラダ油を使う。パンは厚みがあ
ると火が通るのに時間がかかり、逆に薄い
と焦げやすいので、様子を見ながら焼く。

オーブン不要。トースターでOK!

餃子の皮で!

ラザニア

専用のパスタを買わなくても大丈夫。
餃子の皮で代用して
おいしく仕上げるレシピを紹介。

【材料】（2人分）

※写真では横23.7cm×縦12.5cm×
　高さ5cmの耐熱容器を使用

餃子の皮…12〜16枚

オリーブ油…小さじ1

ミートソース（市販品）…1と½カップ

ホワイトソース（市販品）…1と¼カップ

ピザ用チーズ…50g

パセリのみじん切り（好みで）…少々

【作り方】

1. 餃子の皮は塩少々（分量外）を加えた熱湯で約3分ゆでる。ゆで上がったら冷水にとり、冷やす。熱湯に入れるときは、餃子の皮同士がくっつかないよう、1枚ずつ入れる。

2. ザルに上げた餃子の皮にオリーブ油をまぶし（写真❶）、表面をコーティングする。ペーパータオルを広げ、その上に餃子の皮を2枚1組にして並べ、軽く水気を切る（写真❷）。

3. 耐熱容器にホワイトソース、ミートソースの順に¼量を重ね入れる。2枚1組にした餃子の皮をすき間なく全体を覆うように敷き詰める。餃子の皮同士は重なってOK。耐熱容器の形状に合わせ、すき間なく並べるのがポイント（写真❸）。

4. 3の作業を3回ほど繰り返し、最後にホワイトソースとミートソースを重ね、ピザ用チーズをのせる。

5. あらかじめ温めておいたオーブントースター（200℃）で5〜6分焼く。こんがりと焼き色がついたら取り出し、好みでパセリをちらす。

冷凍 冷凍用保存容器にラップを敷き、粗熱をとったラザニアを1食分ずつ入れてラップで包み、ふたをして冷凍する。ラップを敷いてからラザニアを入れると容器への色移りを防ぐことができる。

解凍 冷凍用保存容器のふたを外して電子レンジ（500W）で1食分（約200g）につき6〜7分加熱する。その後、耐熱容器に移し、追加でピザ用チーズ適量をトッピングしてオーブントースターで焼いてもおいしい。

オートミールを水と一緒に加熱して、おにぎりに。
混ぜごはんスタイルが食べやすい

オートミールおにぎり

【材料】(2人分)

オートミール(ロールドオーツ)…120g
水…1カップ

A
| さけフレーク…大さじ2
| ゆでいんげん(小口切り)…2本分
| いりごま(白)…小さじ2

塩…少々
焼きのり…½枚

【作り方】

1. 耐熱ボウルにオートミール、水を入れて混ぜ、ラップをせずに電子レンジ(500W)で6分加熱する。取り出してしゃもじなどでほぐすように混ぜる。
2. 1にAを加えて混ぜ、塩で味を調える。
3. 2を4等分し、ラップを使って三角形に握る。そのまま食べる場合はここでのりを巻く。

やみつきになる味わい!

ロールドオーツがおすすめ

オートミールは、オーツ麦を食べやすく加工した穀物のこと。いくつか種類があるが、今回使用するのは「ロールドオーツ」と呼ばれる、オーツ麦を蒸してから平らに伸ばして乾燥させたもの。粒が大きく、食べ応えがあるため、米の代わりになる主食として人気。

 冷凍 おにぎりはのりを巻かない状態で1個ずつラップで包み、冷凍用保存袋に入れる。空気を抜いて袋の口を閉じ、冷凍する。

 解凍 冷凍したおにぎりは、ラップをしたまま1個(70g)につき電子レンジ(500W)で1分30秒加熱する。お好みでのりを巻いて食べる。

山いもなしでも驚くほど
トロふわな仕上がりに

オートミールの
お好み焼き

オートミールを
おいしく食べられる

【材料】（2人分）

豚バラ薄切り肉…100g

キャベツ…200g

オートミール（インスタントタイプ）…60g

和風だし（顆粒）…小さじ1

水…90ml

卵…2個

サラダ油…小さじ2

マヨネーズ・ソース・かつお節・青のり・
　紅しょうが（各好みで）…各適量

【作り方】

1. 豚肉は10cm幅に切る。キャベツは粗みじん切りにする。

2. ボウルにオートミール、顆粒だしを入れ、水を加えて均一になるまでスプーンなどで混ぜる。

3. 2に卵を割り入れ、均一になるまで混ぜる。

4. 1のキャベツを加え、さらに混ぜる。好みで天かすや桜えび、チーズ、キムチ、シーフードなどを加えてもおいしい。

5. フライパンにサラダ油小さじ1を入れて中火で熱し、4の半量を流し入れる。丸く形を整え豚肉の半量をのせ、弱火で5分ほど焼く。

6. 焼き色がついたら裏返し、さらに5分ほど焼く。もう1枚も同様に焼く。

7. 器に盛り、お好みでソースやマヨネーズ、青のり、かつお節、紅しょうがなどをトッピングすれば完成！

インスタント
タイプを使って

オートミールでお好み焼きを作るなら、粒の細かい「インスタントタイプ」を選び、先に水と混ぜ合わせてから生地を作るのがポイント。生地がやわらかいので、焼く途中で裏返すときは、崩れないよう大きめのフライ返しなどを使ったり、お好み焼きに皿をかぶせフライパンごとひっくり返して皿に取り出し、皿からすべらせるようにしてフライパンに戻し入れるといい。

具材を替えて
アレンジしても◎

キャベツと豚肉の代わりに、いかともやしを使うと食感が楽しいオートミールお好み焼きに。ソースではなく、ポン酢しょうゆであっさり食べるのがおすすめ。

冷凍　粗熱がとれたお好み焼きを1枚ずつラップで包み、冷凍用保存袋に入れ、空気を抜いて袋の口を閉じ、冷凍する。

解凍　ラップをしたまま耐熱皿にのせ、電子レンジ（500W）で1枚（約220g）につき5分加熱する。ラップを外して器に盛り、ソースやマヨネーズ、青のりなどをトッピングする。電子レンジで加熱した後、仕上げにオーブントースターで軽く焼くと、表面がカリッとしておいしい。

小麦粉より食物繊維やたんぱく質が豊富。
もちもち食感のパンケーキ

オートミールパンケーキ

腹持ちも抜群◎

Arrange

基本をアレンジ！
バナナ入り
オートミールの
パンケーキ

基本レシピ

【材料】（直径約10cm×4枚分）

オートミール（インスタントタイプ）…60g
牛乳…200mℓ ※豆乳やアーモンドミルクなどで代用可

A
　砂糖…大さじ2
　ベーキングパウダー…小さじ1
　卵…1個

サラダ油…小さじ2
バター・メープルシロップ…各適量

【作り方】

1. 耐熱ボウルにオートミール、牛乳を入れてゴムベラで軽く混ぜ、ふんわりとラップをして電子レンジ（500W）で2分加熱する。取り出してよく混ぜ、そのまま粗熱をとる。
2. 1にAを加え、均一になるまで混ぜる。
3. フライパンにサラダ油小さじ½を入れて中火で熱し、ペーパータオルで薄く塗り広げる。2の¼量を流し入れて丸く形を整え、弱火で3分ほど焼く。
4. 表面に穴が開き、ふちが固まってきたら裏返し、さらに2分ほど焼く。残りも同様に焼く。
5. 器に2枚ずつ盛り、好みでバターをのせ、メープルシロップをかければ完成！

【作り方】

1. 耐熱ボウルにオートミール（インスタントタイプ）60g、豆乳150mℓを入れてゴムベラで軽く混ぜ、ふんわりとラップをして電子レンジ（500W）で1分30秒加熱する。取り出してよく混ぜ、そのまま粗熱をとる。
2. バナナを1と½本用意し、½本分を飾り用に8mm幅の輪切りにし、レモン汁小さじ1をまぶす。残りのバナナはフォークの背などで細かく潰し、レモン汁小さじ2を加え、混ぜる。
3. 1に卵1個、はちみつ大さじ2、ベーキングパウダー小さじ1を加え、ゴムベラで混ぜる。全体が均一になったら2の潰したバナナを加えて混ぜる。
4. フライパンにサラダ油適量を入れて中火で熱し、ペーパータオルで薄く塗り広げる。3の¼量を流し入れて丸く形を整え、弱火で3分ほど焼く。
5. 表面に穴が開き、ふちが固まってきたら裏返し、さらに2分ほど焼く。残りも同様に焼く。
6. 器に2枚ずつ盛り、2のバナナ、ミントを飾り、はちみつをかける。

冷凍 1枚ずつラップで包み、冷凍用保存袋に入れ、空気を抜いて袋の口を閉じ、冷凍する。

解凍 ラップをしたまま耐熱皿にのせ、電子レンジ（500W）で1枚（約70g）につき1分20秒加熱する。ラップを外して器に盛り、好みのトッピングをのせて食べる。

お弁当
おかず
の
冷凍保存

日々の食費も
節約できる！

お弁当おかずの冷凍&解凍の基本

冷凍作りおきを活用すれば、お弁当生活がラクに実現できる!
食費の節約にも◎

お弁当おかずの冷凍 5 つのポイント

point 1

**1食分ずつ
小分けして冷凍する**

おかずは凍ってからでは分割できず、解凍後に残った分を再冷凍することもできない。そのため、副菜などのおかずはあらかじめシリコンカップなどに1食分ずつ小分けして冷凍しておこう。詰める作業もラクになる。子どもと大人で1食分が異なる場合も、小さい単位に合わせれば複数詰めることで解決できる。

point 2

**冷凍用保存袋などで
空気を抜いて密封**

保存の際は、冷凍用保存袋や冷凍用保存容器を使い、しっかり空気を遮断すること。ラップで包んだだけで冷凍すると、十分に密封できない。ラップで包んだ後は、必ず冷凍用保存袋に入れて。

point 3

**準備ができたら、
急速冷凍**

完成後、粗熱をとって冷凍用保存容器などに入れたおかずは、金属製のバットなどにのせて急速冷凍する。冷凍庫に急速冷凍モードや急速冷凍庫があればそれを使うと◎。

point 4

**時間がたったおかずは
冷凍しない**

冷蔵庫に置いて数日たったおかずは、どこまで腐敗が進んでいるのか判断できないため冷凍せずに食べ切るのが基本。また、口をつけた箸で触れたおかずは絶対に冷凍しないこと。お弁当は詰めてから食べるまでに時間が経過するので、保存容器の清潔さにも十分気をつけて。

point 5

しっかり加熱解凍し 冷ましてから詰める

冷凍したお弁当おかずを詰める際は、しっかり熱くなるまで加熱して解凍し、完全に冷ましてから詰めることが大切。解凍時に汁気が出てしまった場合は、水気をしっかり切ってから詰める。

point 6

調理の際は 濃いめの味つけ＆水分を飛ばす

お弁当おかずの味つけは濃いめがベター。ごはんがすすむ上、腐敗も防ぐことができる。冷凍野菜などをゆでたり炒めたりして入れる場合は、しっかり水気を切って。水溶き片栗粉で強めのとろみをつけると汁もれを防げる。

冷凍に不向きな お弁当おかず

・自家製フライドポテト
・厚揚げ
・こんにゃく炒め
・たけのこの煮物
・卵焼き
など

上記のような、じゃがいも、豆腐、こんにゃく、たけのこを使ったお弁当おかずや卵焼きは冷凍すると食感が変わってしまうため冷凍保存には不向き。お弁当用にフライドポテトを冷凍ストックしておきたい場合は、市販品を使うとよい。

工夫すれば冷凍できる！

卵焼きの冷凍方法
＞ p142をチェック

あると便利！ お弁当グッズ

〈お弁当箱〉

汁がもれないよう、ふたがしっかり閉まるものを選ぶ。職場に電子レンジがある場合は、電子レンジ対応のお弁当箱を選ぶと温め直せて便利。ただし、その場合はアルミのおかずカップを使用しないよう気をつけて。スープジャー式の弁当箱も、スープやおでん、シチューなど汁気のあるものを温かいまま食べられるのでうれしい。

〈シリコンカップ〉

お弁当おかずを小分け冷凍する際にとても便利。アルミのおかずカップでは電子レンジを使えず、解凍するときや温め直すときに不便なので、シリコンカップを選ぶとよい。

〈小さい保冷剤〉

夏場にお弁当を持ち歩く際は、小さいサイズの保冷剤があると安心。スーパーなどでもらったものをいくつか冷凍庫に凍らせておこう。

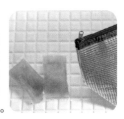

小松菜 のお弁当おかず

葉物野菜の定番である小松菜を使ったレシピ。
どれも少ない材料で手軽に作れるものばかり!

小松菜とツナのサラダ

青菜が苦手な子どもも食べやすい味わいに

【材料】
小松菜…½束（100g）
ツナ缶（油漬け・余分な油は切る）…1缶（70g）
玉ねぎ（みじん切り）…⅛個分

A
マヨネーズ…大さじ1と½
しょうゆ…小さじ½
塩・こしょう…各少々

【作り方】
1. 小松菜は3〜4cm幅に切る。耐熱ボウルに入れ、ふんわりとラップをして電子レンジ（500W）で2分加熱する。冷水にとり、水気を絞る。
2. ボウルに玉ねぎ、ツナ、Aを入れて混ぜる。1を加え、さっと和える。

野菜がもりもり食べられる

小松菜のごま和え

少ない材料で簡単に作れるので、忙しい朝にもおすすめ

定番副菜を

レンチンでお手軽に

【材料】
小松菜…½束（100g）

A
しょうゆ…小さじ2
砂糖…小さじ2
すりごま（白）…大さじ1

【作り方】
1. 小松菜は3〜4cm幅に切る。耐熱ボウルに入れ、ふんわりとラップをして電子レンジ（500W）で2分加熱する。冷水にとり、水気を絞る。
2. ボウルにAを入れて合わせ、1を加えて和える。

冷凍 おかずはしっかり冷ましてから汁気を切り、冷凍&電子レンジ加熱可能なシリコンカップに入れる。冷凍用保存容器に並べて入れ、ふたをして冷凍する。

解凍 凍ったままシリコンカップ1個（約50g）につき、電子レンジ（500W）で1分～1分30秒加熱し、解凍してからお弁当箱に入れる。

小松菜と卵の中華炒め

緑×黄の組み合わせで彩りもよく、お弁当がパッと映える

【材料】

小松菜…½束（100g）
卵…1個
長ねぎ（みじん切り）…5cm分
しょうが（みじん切り）…½片分
サラダ油…小さじ2
ごま油…小さじ1

A
水…¼カップ
酒…大さじ1
砂糖…小さじ½
塩…小さじ¼
鶏がらスープの素（顆粒）…少々
こしょう…少々

水溶き片栗粉…水小さじ2＋片栗粉小さじ1

【作り方】

1. 小松菜は3～4cm長さに切る。ボウルに卵を溶きほぐし、塩、こしょう各少々（分量外）を加えて混ぜる。
2. フライパンにサラダ油を入れて中火で熱し、卵を入れてヘラなどで手早く混ぜる。半熟状になったら一度皿に取り出す。
3. 2のフライパンにごま油を入れて弱火で熱し、長ねぎ、しょうがを炒める。香りが立ってきたら小松菜を加えて中火で炒め、しんなりしたら合わせたAを加える。煮立ったら水溶き片栗粉を加えてとろみをつけ、2を戻し入れてさっと合わせる。

ふわふわ卵がたまらない！

赤唐辛子がピリッとアクセントに

小松菜とベーコンの洋風ソテー

ベーコンの塩気と旨みが小松菜のおいしさを引き立てる

【材料】

小松菜…½束（100g）
スライスベーコン（2cm幅に切る）…2枚分
赤唐辛子（輪切り）…½本分
オリーブ油…小さじ2
塩・こしょう…各少々

【作り方】

1. 小松菜は3～4cm幅に切る。
2. フライパンにオリーブ油を入れて中火で熱し、ベーコン、赤唐辛子を炒める。ベーコンに焼き色がついたら1を加え、しんなりしたら塩、こしょうを加え、全体を混ぜる。

アスパラ
のお弁当おかず

アスパラのおかずは、お弁当のすき間を埋めるのにぴったり。

アスパラ
ベーコン

アスパラをベーコンで巻いて焼くだけ。
ピンク×グリーンの彩りも鮮やか！

【材料】
グリーンアスパラガス…4本
スライスベーコン…2枚
こしょう…少々
サラダ油…小さじ1

【作り方】
1. アスパラは根元のかたい皮をむき、3等分に切る。ベーコンは長さを半分に切る。
2. ベーコンにこしょうをふり、1を3本ずつ巻いて爪楊枝で留める。
3. フライパンにサラダ油を入れて中火で熱し、2を転がしながら焼く。全体に焼き色がついたらふたをして弱火で1分ほど蒸し焼きにする。

お弁当おかずの定番！

アスパラの
味噌チーズ焼き

小さくカットしてアルミカップに入れると、
お弁当箱にすっぽり入る

味噌×チーズが相性抜群

【材料】
グリーンアスパラガス…4本
A 味噌…小さじ1
   砂糖…小さじ½
ピザ用チーズ…30g

【作り方】
1. アスパラは根元のかたい皮をむき、乱切りにする。耐熱皿に並べ、混ぜ合わせたAをかけ、ふんわりとラップをして電子レンジ（500W）で1分加熱する。
2. 1を取り出してさっと混ぜ、3等分してアルミカップに入れる。
3. チーズをのせ、オーブントースターで焼き色がつくまで（200℃で3～4分）焼く。

冷凍 おかずはしっかり冷ましてから、冷凍＆電子レンジ加熱可能なシリコンカップに入れる。アスパラのつくね巻きは食べやすい大きさに切り分けてからシリコンカップに入れる。アスパラの味噌チーズ焼きはアルミカップのままでOK（電子レンジ不可）。冷凍用保存容器に並べて入れ、ふたをして冷凍する。

解凍 凍ったままシリコンカップ1個（約55g）につき、電子レンジ（500W）で1分〜1分30秒加熱し、解凍してからお弁当箱に入れる。アスパラの味噌チーズ焼きは凍ったままオーブントースター（200℃）で約9分焼いて解凍する（焦げるようなら途中でアルミホイルをかぶせる）。

アスパラ ウインナー

お好みでトマトケチャップやマスタードを添えてもおいしい

【材料】
グリーンアスパラガス…3本
ウインナー（小）…12本
オリーブ油…小さじ2

見た目もかわいい！

【作り方】
1. アスパラは根元のかたい皮をむき、4等分に切る。
2. 1とウインナーを交互に爪楊枝に刺して留める。
3. フライパンにオリーブ油を入れて中火で熱し、2を焼く。両面焼き色がついたらふたをして弱火で1分ほど蒸し焼きにする。

インパクト大な 居酒屋風メニュー

アスパラの つくね巻き

そのまま入れてのっけ弁にしても、小さく切ってから入れても◎

【材料】
グリーンアスパラガス
　…4本
小麦粉…少々

A
　鶏ひき肉…300g
　玉ねぎ（みじん切り）
　　…¼個分
　しょうが（みじん切り）
　　…½片分
　塩・こしょう…各少々
　片栗粉…小さじ1
　いりごま（白）…小さじ2

　ごま油…小さじ2
B
　しょうゆ…小さじ2
　みりん…小さじ2
　砂糖…小さじ1

【作り方】
1. アスパラは根元のかたい皮をむき、小麦粉をふる。
2. ボウルにAを入れ、よく練り混ぜる。4等分し、1に握るようにして細長くつける。
3. フライパンにごま油を入れて中火で熱し、2を転がしながら焼く。全面に焼き色がついたら合わせたBを加え、煮絡める。

ピーマン
のお弁当おかず

鮮やかな緑色がお弁当箱に彩りを添える。

素材の味を

シンプルに楽しめる

ピーマンの
コンビーフ炒め

ピーマンの青っぽさと
コンビーフの旨みが好相性!

【材料】
ピーマン（輪切り）…3個分
コンビーフ…1缶（80g）
オリーブ油…小さじ2
塩・こしょう…各少々

【作り方】
フライパンにオリーブ油を入れて中火で熱し、コンビーフをほぐしながら炒める。ほぐれてきたらピーマンを加えてさっと炒め、塩、こしょうで味を調える。

ピーマンの
甘辛煮

仕上げに七味唐辛子をふれば、
おつまみにもぴったり

【材料】
ピーマン（1cm幅の細切り）…3個分
ちくわ（半分の長さに切って細切り）…1本分（約35g）
めんつゆ（2倍濃縮）…大さじ1
天かす…大さじ2
七味唐辛子（好みで）…少々

【作り方】
1. 耐熱ボウルにピーマン、ちくわ、めんつゆを入れて混ぜ、ふんわりとラップをして電子レンジ（500W）で2分加熱する。
2. 天かすを加えて混ぜる。仕上げに七味唐辛子をふる。

めんつゆで即、味が決まる

冷凍　おかずはしっかり冷ましてから、冷凍&電子レンジ加熱可能なシリコンカップに入れる。冷凍用保存容器に並べて入れ、ふたをして冷凍する。

 解凍　凍ったままシリコンカップ1個につき、電子レンジ（500W）で30〜40秒加熱し、解凍してからお弁当箱に入れる。

ピーマンの
カレー風味

**ひき肉をプラス&調味して
ボリュームアップしても◎**

【材料】
ピーマン…3個
玉ねぎ（薄切り）…¼個分
サラダ油…大さじ1
A｜酒…大さじ1
　｜カレー粉…小さじ2
　｜塩・こしょう…各少々

冷めてもおいしい！

【作り方】
1. ピーマンは縦半分に切り、さらに1cm幅の斜め切りにする。
2. フライパンにサラダ油を入れて中火で熱し、玉ねぎを炒める。少し茶色くなったらAを加えて炒める。全体がなじんだら1を加え、さっと炒める。

ピーマンの
ピーナッツ炒め

**くるみやカシューナッツなどで
作ってもおいしい**

香ばしい風味が味のアクセント

【材料】
ピーマン（1.5cm角に切る）…4個分
ピーナッツ…大さじ4（40g）
ごま油…小さじ2
A｜しょうゆ…小さじ1
　｜オイスターソース…小さじ1
　｜酒…小さじ1
　｜マスタード…小さじ1

【作り方】
フライパンにごま油を入れて中火で熱し、ピーナッツを炒める。全体に油が回ったらピーマンを加えて軽く炒め、合わせたAで味を調える。

133

ブロッコリー
のお弁当おかず

ブロッコリーに調味料や身近な食材を加えるだけで作れる簡単レシピ。

こんがりチーズがおいしい

ブロッコリーの
チーズ焼き

味つけは塩・こしょうのみなので、
しっかりふるとよい

【材料】
ブロッコリー…½株（約170g）
塩・こしょう…各少々
ピザ用チーズ…60g

【作り方】
1. ブロッコリーは小房に分ける。茎はかたい部分の皮をむいて乱切りにする。
2. 鍋にたっぷりの湯を沸かし、塩少々（分量外）を入れ、1をゆでる。再沸騰したらすぐにザルに上げ、そのまま冷ます。
3. 耐熱皿に2を並べ、塩、こしょうをしっかりふり、ピザ用チーズをのせる。オーブントースター（200℃）でチーズがこんがりするまで5分ほど焼く。

ブロッコリー
サラダ

ゆでたブロッコリーと調味料を
和えるだけの簡単サラダ

【材料】
ブロッコリー…½株（約170g）
A {
白ワインビネガー（または酢）…大さじ1
粒マスタード…小さじ1
塩…小さじ⅓
こしょう…少々
}
オリーブ油…大さじ2

【作り方】
1. ブロッコリーは小房に分ける。茎はかたい部分の皮をむいて乱切りにする。
2. 鍋にたっぷりの湯を沸かし、塩少々（分量外）を入れ、1をゆでる。再沸騰したらすぐにザルに上げ、そのまま冷ます。
3. ボウルにAを入れて混ぜ合わせ、オリーブ油を加える。2を加えて混ぜ合わせる。

酸味がきいたさっぱりおかず

和えるだけの簡単おかず

ブロッコリーのおかか和え

めんつゆを使って味つけするので、
簡単に味が決まる！

【材料】
ブロッコリー…½株（約170g）

A｜めんつゆ（2倍濃縮）…大さじ1
　｜ごま油…小さじ1

かつお節…1パック（約2g）

【作り方】
1. ブロッコリーは小房に分ける。茎はかたい部分の皮をむいて乱切りにする。
2. 鍋にたっぷりの湯を沸かし、塩少々（分量外）を入れ、1をゆでる。再沸騰したらすぐにザルに上げ、そのまま冷ます。
3. ボウルにAを入れて混ぜ、2を加えてさっと和え、かつお節をまぶす。

ブロッコリーナムル

もやしや青菜が定番のナムルは、
ブロッコリーでもおいしい

【材料】
ブロッコリー…½株（約170g）
長ねぎ（みじん切り）…5cm分
しょうが（みじん切り）…½片分

A｜すりごま（白）…大さじ2
　｜酒…大さじ1
　｜砂糖…大さじ½
　｜塩…小さじ⅕

ごま油…小さじ2

ごま油の香りがたまらない！

【作り方】
1. ブロッコリーは小房に分ける。茎はかたい部分の皮をむいて乱切りにする。
2. 鍋にたっぷりの湯を沸かし、塩少々（分量外）を入れ、1をゆでる。再沸騰したらすぐにザルに上げ、そのまま冷ます。
3. ボウルに長ねぎ、しょうが、Aを入れて混ぜ、2を加えて混ぜる。均一に混ざったらごま油を加え、さっと混ぜる。

保存
1ヶ月

かぼちゃ
のお弁当おかず

子どもから大人まで食べやすい！お弁当にあと1品欲しいときに活躍。

かぼちゃの塩バター

かぼちゃは電子レンジで加熱しておくと切りやすく、火の通りも早くなる

バターの香りが食欲をそそるね。

【材料】
かぼちゃ…1/6個 （約200g）
バター…大さじ1
塩・こしょう…各少々

【作り方】
1. かぼちゃは種を除いてラップで包み、電子レンジ（500W）で1分加熱する。取り出して8mm〜1cm幅の薄切りにする。
2. フライパンにバターを入れて中火で溶かし、1を並べる。両面にこんがりと焼き色がつくまで焼き、塩、こしょうで味を調える。

かぼちゃサラダ

かぼちゃは皮ごと粗くつぶすことで、食べ応えのある仕上がりに

【材料】
かぼちゃ…1/4個 （約300g）
酢…小さじ1
A｜マヨネーズ…大さじ2
　｜塩・こしょう…各少々

【作り方】
1. かぼちゃは種を除いて5〜6cm角に切る。耐熱ボウルに入れ、ふんわりとラップをして電子レンジ（500W）で4分30秒加熱する。熱いうちにフォークの背などで皮ごと粗く潰し、酢を加えて混ぜる。
2. 1の粗熱がとれたら、Aを加えて混ぜる。

レンチンして

調味料と和えるだけ！

冷凍 しっかり冷ましてから、冷凍＆電子レンジ加熱可能なシリコンカップに入れる。冷凍用保存容器に並べて入れ、ふたをして冷凍する。

解凍 凍ったままシリコンカップ1個（約50g）につき、電子レンジ（500W）で1分20秒加熱し、解凍してからお弁当箱に入れる。自然解凍はNG。

シャキシャキ食感×

甘辛味が、やみつきに！

かぼちゃきんぴら

細切りしたかぼちゃをごま油で炒めて、シャキッとした歯応えに

【材料】
かぼちゃ…⅙個（約200g）
ごま油…小さじ2
A｜しょうゆ…小さじ2
　｜砂糖…大さじ½

【作り方】
1. かぼちゃは種を除き、薄切りにしてから細切りにする。
2. フライパンにごま油を入れて中火で熱し、**1**を炒める。かぼちゃに少し透明感が出たら、**A**を加えて味を調える。

ミニパンプキン

まるでかぼちゃのような見た目は、子どものお弁当にぴったり！

【材料】
かぼちゃ…¼個（約300g）
A｜バター…大さじ2
　｜砂糖…大さじ2
　｜塩…少々

【作り方】
1. かぼちゃは種を除いて5〜6cm角に切る。耐熱ボウルに入れ、ふんわりとラップをして電子レンジ（500W）で4分30秒加熱する。熱いうちに皮を除いて、実の部分をフォークの背などで潰し、**A**を加えて混ぜる。皮は取っておく。
2. **1**で取り分けておいた皮を、7〜8mmの小さな三角形に切る。
3. **1**を4等分して丸める。竹串などで周りに筋をつけ、上部に**2**を刺す。

小腹を満たすおやつにも◎

さつまいも
のお弁当おかず

手軽に作れて重宝する「さつまいも＋調味料だけ」で作れる副菜レシピ。

大学芋

フライパンで揚げ焼きにすれば、
手軽に作れる。おやつにも◎

【材料】

さつまいも…小2本（約300g）

A　砂糖…60g
　　水…小さじ1

いりごま（黒）…適量

外はカリッ、中はホクホク！

【作り方】

1. さつまいもは皮付きのまま乱切りにする。5分ほ
ど水にさらし、ペーパータオルで水気を拭き取る。

2. フライパンに深さ1.5〜2cmの揚げ油（分量外）を
入れて中火で熱する。1を入れ、弱火でじっくり
揚げ焼きにする。竹串を刺してスーッと通るくら
いになったら強火にし、周りがカリッとしたら取
り出す。

3. 別のフライパンにAを入れ、中火で煮詰める。ほ
んのり茶色くなったら、2を入れて手早く絡める。
オーブンシートを敷いたバットにくっつかないよ
う広げ、熱いうちにいりごまをふり、そのまま冷
ます。

さつまいもの定番おかず

さつまいもの
甘辛煮

煮物は冷ますと味が染み込むので、
作りおきにおすすめ

【材料】

さつまいも…小2本（約300g）

　　だし汁…1カップ
　　みりん…大さじ2
A　しょうゆ・砂糖…各大さじ1
　　塩…小さじ1

水溶き片栗粉…水小さじ1＋片栗粉小さじ2

【作り方】

1. さつまいもは皮付きのまま1.5cm厚さの輪切りに
する。5分ほど水にさらし、水気を切る。

2. 耐熱ボウルにA、1を入れ、ふんわりとラップを
して電子レンジ（500W）で10分加熱する。取り出
して水溶き片栗粉を加えて混ぜ、ふんわりとラッ
プをして電子レンジでさらに1分加熱する。電子
レンジから取り出し、そのまま冷ますと味が染み
込んでよりおいしくなる。

にんにくの風味が食欲をそそる

さつまいものオイスター炒め

白いごはんやお酒のおともにもぴったりな、濃いめの味つけがおいしい

【材料】

さつまいも…小2本（約300g）
長ねぎ（青い部分も含む）…¼本
ごま油…大さじ1

A
| 酒…大さじ1
| しょうゆ…小さじ2
| オイスターソース・砂糖…各小さじ1
| 塩・こしょう…各少々

【作り方】

1. さつまいもは皮付きのまま8mm厚さの斜め切りにし、さらに8mm幅の細切りにする。5分ほど水にさらし、水気を切る。
2. 長ねぎはみじん切りにする。
3. フライパンにごま油を入れて弱火で熱し、2を炒める。香りが立ったら1を加え、さらに中火で炒める。さつまいもに火が通ったら合わせたAを加え、汁気が飛ぶまで炒めて、味を調える。

カレー風味のさつまいもサラダ

電子レンジで加熱して、マッシュするだけのお手軽レシピ

【材料】

さつまいも…小2本（約300g）

A
| マヨネーズ…大さじ3
| カレー粉…小さじ1
| 塩・こしょう…各少々

【作り方】

1. さつまいもは水でさっと濡らしてからラップで包み、電子レンジ（500W）で6分加熱する。取り出してボウルに入れ、熱いうちにフォークの背などで皮ごと粗く潰す。
2. 1にAを加え、混ぜる。

サンドイッチの

具としても活躍

大学芋 さつまいもの甘辛煮 さつまいものオイスター炒め カレー風味のさつまいもサラダ

いんげん
のお弁当おかず

鮮やかなグリーンで彩りを添えるお弁当おかず。すき間を埋めるのにもぴったり。

いんげんの ごまマヨ和え

定番のごま和えをマヨネーズでアレンジ。
いんげんは好みのかたさにゆでて

【材料】
いんげん…100g

A
すりごま（白）…大さじ3
マヨネーズ…大さじ1と½
しょうゆ…小さじ2
砂糖…小さじ2

【作り方】
1. いんげんは好みのかたさにゆでてヘタを除き、乱切りにする。いんげんの筋が気になる場合は取り除く。
2. ボウルにAを入れて混ぜ、1を加えて和える。

コクのある味わい

いんげんの ピリ辛味噌和え

ピリッと豆板醤の効いた
大人が喜ぶ味つけ

おつまみにぴったり！

【材料】
いんげん…100g

A
味噌…大さじ1
砂糖…大さじ1
酒…大さじ1
豆板醤…小さじ½

【作り方】
1. いんげんは好みのかたさにゆでてヘタを除き、斜め切りにする。いんげんの筋が気になる場合は取り除く。
2. ボウルにAを入れて混ぜ、1を加えて和える。

冷凍　おかずはしっかり冷ましてから、冷凍&電子レンジ加熱可能なシリコンカップに入れる。冷凍用保存容器に並べて入れ、ふたをして冷凍する。

解凍　凍ったままシリコンカップを電子レンジで様子を見ながら加熱し、解凍してからお弁当箱に入れる。

れんこん
のお弁当おかず

シャキシャキからホクホクまで、作り方によってさまざまな食感が楽しめる。

保存
1ヶ月

いんげんの
ごまマヨ和え

いんげんの
ピリ辛味噌和え

れんこんの
塩昆布和え

れんこんと
ベーコンの
チーズ焼き

れんこんの塩昆布和え

火を使わないので、
忙しい日でもささっと作れる!

【材料】
れんこん…½節（約80g）　塩昆布…5g
酢水　　　　　　　　　いりごま（白）…適量
　…水½カップ＋　　　 ごま油…適量
　酢大さじ½　　　　　青ねぎ（小口切り）…適量

【作り方】
1. れんこんは皮をむいて3mm厚さの半月切りにする。酢水に10分ほどさらしてからさっと洗い、ザルに上げて水気を切る。
2. 耐熱容器に1をなるべく重ならないように並べて、水大さじ1（分量外）をふりかける。ふんわりとラップをして電子レンジ（500W）で3分加熱する。取り出してザルに上げ、水気を切る。
3. 熱いうちに2に塩昆布を加えて混ぜ合わせる。いりごまをふり、ごま油をかけ、青ねぎをちらす。

あっさりした味つけの箸休め

子どもから大人まで大好き

れんこんとベーコンのチーズ焼き

れんこんの半量を角切りにすることで、
食感も楽しめる!

【材料】
れんこん…½節（約80g）　オリーブ油
厚切りベーコン…30g　　　…大さじ1
片栗粉…大さじ1　　　　　トマトケチャップ
ピザ用チーズ…80g　　　　（好みで）…適量

【作り方】
1. れんこんは皮をむいて半量を5mm角に切り、残りはすりおろす。ベーコンは5mm角に切る。
2. ボウルに1、片栗粉、ピザ用チーズを入れて混ぜる。
3. フライパンにオリーブ油を入れて弱火で熱し、2を全部流し入れて5分ほど焼く。焼き色がついたら裏返し、さらに焼き色がつくまで3分ほど焼く。食べやすい大きさに切って、トマトケチャップを添える。シリコンカップに入れる際は小さく切る。
※今回は26cmのフライパンを使用

 冷凍　おかずはしっかり冷ましてから、冷凍＆電子レンジ加熱可能なシリコンカップに入れる。冷凍用保存容器に並べて入れ、ふたをして冷凍する。

 解凍　凍ったままシリコンカップ1個（約30g）につき、電子レンジ（500W）で40秒〜1分ほど熱くなるまで加熱する。

お弁当の定番、卵焼きは冷凍できる！
冷凍してもパサつかないコツを紹介

卵焼き

冷凍後もふわふわ&しっとり

【材料】（作りやすい分量）

卵…3個

A
砂糖…大さじ1
水溶き片栗粉
…水小さじ1＋
片栗粉小さじ1
マヨネーズ…小さじ2

※今回は15×18cmの卵焼き器を使用

【作り方】

1. ボウルに卵を割り入れ、菜箸で泡立たないように溶きほぐす。Aを加え、さっくりと混ぜ合わせる。卵白のコシが切れるまで溶きほぐすのがポイント。

2. 卵焼き器をよく熱し、サラダ油（分量外）を引いてペーパータオルでなじませる。弱めの中火にし、卵液1/3量を流し入れて全体に広げる。空気穴ができたら菜箸で潰しながら焼き、固まってきたら卵焼き器の奥から手前に向かって巻く。

3. 巻き終えた卵を卵焼き器の奥に移し、手前のスペースに残りの卵液の半量を流し入れて焼く。火が通ったら、2と同じように巻いていく。この工程をもう一度行う。このとき、半熟部分がなくなるよう卵を巻き終えるたびに卵焼き器の側面に押しつけ、しっかりと焼きつける。

4. 卵焼きをアルミホイルで包み、粗熱がとれるまで置く。余熱でしっかり火を通すのがポイント。

冷凍してもおいしい作り方

① 冷凍する卵焼きは半熟NG。中までしっかり火を通して。

② マヨネーズと水溶き片栗粉をプラス。マヨネーズの酢や油で卵のふわふわ食感を、片栗粉の保湿力によってしっとり感をキープできる。

今回のレシピで
冷凍したもの

普通に作って
冷凍したもの

今回のレシピで作った卵焼きと、そうではない卵焼きを冷凍・解凍して検証。ふんわりしたボリューム感もしっとり食感も、その差は歴然！

冷凍　アルミホイルから卵焼きを取り出し、食べやすい大きさに切る。1食分ずつ（6等分なら2～3切れ）ラップで包んで冷凍用保存袋に入れ、金属製バットにのせて冷凍する。

解凍　1食分（6等分なら2～3切れ）あたり、電子レンジ（600W）で1分20秒加熱する。温めが足りない場合は10秒ずつ追加して加熱する。加熱しすぎるとパサパサになるので注意。

外はカリカリ、生地はもちもち、チーズがとろ〜りと伸びる！

チーズボール

【材料】（2人分／8個分）
白玉粉（かたまりを潰しておく）…70g
ホットケーキミックス…70g
塩…小さじ⅕（1g）
牛乳…95㎖
溶けるタイプのチーズ
　（スライスタイプ）…2枚（約15g×2）
さけるタイプのチーズ…2本（約25g×2）

韓国発おやつのレシピ

【作り方】

1. かたまりを細かく潰した白玉粉をボウルに入れ、牛乳を加える。ゴムベラで白玉粉の粒を潰しながら、ダマがなくなりなめらかになるまで混ぜる。

   白玉粉にかたまりがあると揚げたときに生地が破裂する原因となる。牛乳と合わせる前にポリ袋などに入れボウルの底などですり潰しておくとよい。

2. 1のボウルにホットケーキミックス、塩を加えゴムベラでよく混ぜ、生地がまとまってきたら手でこねる。耳たぶくらいのかたさになったら、ラップで包んで冷蔵庫で1時間寝かせる。

3. 溶けるタイプのスライスチーズは4等分にする。さけるタイプのチーズは4等分の輪切りにする。溶けるタイプのチーズでさけるタイプのチーズをくるくると巻く。

4. 寝かせておいた2を8等分して丸め、餃子の皮程度の大きさ（生地の厚さは5㎜程度）に伸ばす。3で作ったチーズを包み込み、手のひらでコロコロと転がしながら丸く成形する。生地は乾燥しやすいので、成形の前後はラップをかけるか、濡れ布巾をかけておく。

   生地のふちの方を2〜3㎜の薄さに伸ばすと、成形したときに生地の厚さが均一に仕上がる。

5. 鍋にたっぷりの揚げ油（分量外）を入れ、低温160℃に熱する。4を静かに入れ、ときどき上下を返しながら揚げる。表面が色づいてきたら油の温度を180℃に上げてからりと仕上げる。表面がきつね色になったら取り出し、油を切る。

6. 好みでケチャップやマスタードを添える。

2種類のチーズがポイント

（冷凍）　よく冷ましてから冷凍用保存袋に入れ、冷凍庫で保存。

（解凍）　アルミホイルに包み約200℃のオーブントースターで10分、さらにアルミホイルを外して3分ほど温める。

卵焼き　チーズボール

戻すのに手間がかかるひじきは、
まとめて煮物にして冷凍作りおきするとGOOD!

ひじきの煮物

【材料】（おかずカップ約12個分／約300g）
乾燥芽ひじき（長ひじきも可）…30g（約½カップ）
にんじん…⅓本
油揚げ…½枚
絹さや…4枚
ごま油…小さじ1
A
だし汁…½カップ
しょうゆ…大さじ2
みりん…大さじ2
砂糖…大さじ1

冷凍しても
おいしいレシピ！

【作り方】

1. ボウルにたっぷりの水とひじきを入れ、約20分常温で戻す。ひじきが4倍程度の量になったら一度ザルにあけ、2〜3度水を替えながらよく洗ってゴミなどを取り除く。

2. にんじんは約2cm幅に細切り、油揚げも約2cm幅の細めの短冊切りにする。絹さやは筋を取り、塩を加えた熱湯で1〜2分さっとゆでて冷水で冷やしておく。そのあと水気を切り、斜めの細切りにする。長ひじきを使う場合は、ここで2〜3cm幅にカットしておく。

3. 鍋にごま油を熱し、にんじん、ひじきの順に中火で1分程度さっと炒める。

4. Aの調味料、油揚げを加え、煮汁が完全に見えなくなるまで、表面がふつふつしている状態を維持しながら強めの中火で約10分煮る。仕上げに絹さやをちらしてさっと混ぜる。

冷凍しても
おいしいレシピのポイント

にんじんやれんこん、絹さやなど冷凍しても食感が変わりにくい具材を選ぶこと、汁気をしっかりと飛ばすことがおいしさのポイント。一般的なひじきの煮物よりも水分量を減らして短時間で煮ることで、解凍後も具材の食感が程よく残るように仕上げる。

冷凍　シリコンカップに入れ、冷凍用の保存容器に入れてふたをする。金属製のバットにのせて冷凍。作りたての場合は、粗熱をとってからカップに入れる。

解凍　お弁当なら凍ったまま入れて自然解凍。すぐに食べる場合はラップをふんわりとかけ、電子レンジ加熱で解凍する（おかずカップ1個分約25gの場合、電子レンジ［500W］で約40秒加熱）。

冷凍作りおきで
キーマカレー弁当

冷凍しても　おいしいキーマカレー

汁もれが心配でお弁当には難しいカレー。
でも水分の少ないキーマカレーなら、
お弁当に入れても汁もれの心配なし！

【材料】（２人分）
合いびき肉…200g
玉ねぎ…½個（約100g）
にんじん…¼本（約40g）
ピーマン…１個
しょうが…１片
カレー粉…大さじ１と½
トマトケチャップ…大さじ２
塩…小さじ½
こしょう…少々
サラダ油…小さじ２

お弁当に入れるコツ

大きめのおかずカップを使用したり、小さめの
保存容器の内側にラップを敷いてから詰め、別
添えしたりすれば、お弁当箱へのニオイ移りや
色移りの心配がない。また、ニオイが移りにく
いステンレス製のお弁当箱に詰めるのもおすすめ。た
だし電子レンジで温めるも
のは、ステンレス製はNG。

【作り方】
1. 玉ねぎ、にんじん、しょうがはみじん切りに
   する。ピーマンはヘタと種を取り１cm角に刻み、
   フライパンで先に軽く炒めておくと、色よく仕
   上がる。
2. フライパンにサラダ油を熱して玉ねぎ、にんじ
   ん、しょうがを入れて中火で炒め、野菜がしん
   なりしてきたらひき肉を加えて炒める。

   野菜、ひき肉を加えるたびによく炒めて水
   分をしっかりと飛ばしておくと、仕上がり
   が水っぽくならない。

3. ひき肉がパラパラになって色が変わったらカレ
   ー粉を全体にふりかけるように加え、粉っぽさ
   がなくなるまで炒める。
4. トマトケチャップを全体になじませ、塩、こ
   しょうを加えて味を調える。さらにピーマンを加
   え、さっと炒めて完成。
5. ごはん適量とともに詰め、好みでゆで卵、ブロ
   ッコリー、ミニトマト、レタスなどをトッピン
   グ（すべて分量外）。

冷凍 粗熱をとったキーマカレーを、大きめのシリコ
ンカップや小さめの冷凍用保存容器の８分目ま
でを目安に入れてラップまたはふたをし、金属
製のバットにのせて急速冷凍。おかずカップは
ふた付きの冷凍用
保存容器に入れる
と冷凍しやすい。

解凍 冷凍用保存容器のふたをはずしてラップをふん
わりとかける。１人分（150g）の場合、電子レン
ジ（500W）で１分30秒加熱し、一度電子レンジ
から取り出して全体を混ぜ、再びラップをして
さらに１分30秒加熱して解凍する。電子レンジ
の加熱時間が長くなりすぎるとラップが溶ける
可能性があるので、ラップを敷いた冷凍用保存
容器で解凍する場合は、加熱時間を守る。

ひじきの煮物

下味冷凍で
しょうが焼きのっけ弁当

お弁当用
しょうが焼きレシピの決定版!

しょうが焼き成功のコツ

1 肉は厚みのある
しょうが焼き用ではなく、
薄い切り落とし肉を選ぶ。

2 たれはみりんではなく、
砂糖を合わせて甘めに
仕上げることで、味が決まる!

3 小麦粉で肉をコーティングし、
冷めてもジューシーに。
たれが肉に絡み、
お弁当箱から汁がもれにくくなる。

下味冷凍

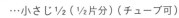

下味をつけた状態で冷凍しておけば、
あとは焼くだけなので、お弁当作りがとても楽に。

【材料】（1人分）
豚肩ロース切り落とし肉…100g
玉ねぎ…⅛個（25g）

A ┌ しょうゆ…大さじ½
　│ 酒…大さじ2
　│ 砂糖…小さじ1
　│ こしょう…少々
　│ しょうが（すりおろし）
　└ …小さじ½（½片分）（チューブ可）

【作り方】
1. 玉ねぎは薄切りにする。
2. ボウルにAを合わせ、豚肉を入れて絡める。1を加えてさっと混ぜ合わせる。
3. 2をラップで包み、冷凍用保存袋に入れて冷凍する。

解凍

【調理方法】
1. フライパンにサラダ油小さじ1、凍ったままの豚肉と玉ねぎを入れ、小麦粉大さじ½を全体にふり入れてまんべんなく広げてから、ふたをして中火にかける。
2. 7分蒸し焼きにし、豚肉が解けてきたらふたを外して、豚肉に小麦粉を絡めながらほぐし、さらに3分炒め、仕上げに15秒強火にして汁気を飛ばす。

　凍ったまま蒸し焼きにすることで肉をやわらかく解凍できる。肉や玉ねぎから水分が出るので、汁気を飛ばしながら強火で炒めて仕上げる。

3. 2をごはん適量とともに詰め、好みで卵、ミニトマト、絹さやなどをトッピング（すべて分量外）。

スイーツ の 冷凍保存

いつでもごほうび
が食べられる！

スイーツの冷凍&解凍の基本

ケーキやカステラ、バームクーヘンなど定番スイーツの冷凍保存方法を紹介。

ケーキ

ケーキが余ったときのレスキュー策として、ぜひ試してみて

保存
本文参照

冷凍 ケーキを1切れずつラップで包んでから冷凍用保存袋に入れて冷凍する。トッピングのあるケーキは、深さのある容器を逆さにし、ふたの上にケーキをのせて、容器をかぶせて冷凍。ケーキがすっぽり入る容器ならトッピングのまわりに空間ができ、形が崩れにくい。

【保存期間】
チーズケーキ、ガトーショコラ…3〜4週間／ロールケーキ、ミルクレープ…2〜3週間／シュークリーム… 1〜2週間

解凍 冷蔵庫に2時間置く。シュークリームは半解凍状態でシューアイスのように食べてもよい。

生のフルーツ入りケーキの場合は別々に冷凍

フルーツは取り出して生クリームを拭き取り、冷凍用保存袋に入れて冷凍。1ヶ月保存可能。半解凍状態でシャーベット風のシャリシャリ食感を楽しむ。スポンジと生クリームは冷凍用保存袋に入れて冷凍。1ヶ月保存可能。冷凍庫から出して数分で、包丁で切って食べられる。生のフルーツや生クリームをトッピングすればトライフル風に。

ドーナツ

食べきれない場合は、油が酸化する前にすぐ冷凍するとよい

市販
1ヶ月

手作り
2週間

冷凍 潰れないように1個ずつラップで包み、まとめて冷凍用保存袋に入れる。空気を抜いて袋の口を閉じ、冷凍庫へ。手作りしたものは、人肌程度に冷ましてからラップで包む。

解凍 冷凍庫から出して、ラップを外し、皿の上に30分ほど置いたら食べ頃。ただし、室温が高いとチョコレートや砂糖が溶けるなど、変質する可能性があるため、夏場などはラップで包んだ状態のまま、冷蔵庫で2時間ほど自然解凍する。

カステラ

1本をすぐに食べきれない場合は、冷凍を。凍ったままでも美味

冷凍 カステラを1回で食べやすい大きさに切り分け、ラップで包む。重ならないように冷凍用保存容器に並べ、ふたをして冷凍庫に。冷凍庫から出したカステラはすぐ解凍が始まるため必ず1回で食べきれる量に分ける（再冷凍はNG）。

解凍 冷蔵庫で1切れ（約45g）につき15分程度置き、自然解凍。もしくは、1切れにつき電子レンジ（600W）で約30秒加熱。

カステラは凍ったまま食べるともっちり食感に。新感覚スイーツのような味わい。

バームクーヘン

パサつく前に冷凍を。ラップでニオイ移りを防ぐとよい

冷凍 開封後のバームクーヘンを1回で食べやすい大きさに切り分け、ニオイ移りや乾燥を防ぐため、ラップでぴったり包む。重ならないように冷凍用保存袋に入れ、空気を抜いて袋の口を閉じ、冷凍。

解凍 ラップをしたまま1切れ（約40g）につき電子レンジ（600W）で30秒加熱すると、ふわふわしっとり食感を楽しめる。

解凍しなくてもおいしい。パサパサ感がなく、しっとりしていて口溶けもなめらか。甘さもさっぱりしており、とても食べやすい。

生チョコ

あまり日持ちしないので、すぐに食べない場合は冷凍するとよい

冷凍 生チョコはチョコレートの風味を保つため、あらかじめ冷蔵庫に入れて十分に冷やし、ラップでぴったりと包む。2〜3個ずつなど、1回に食べる分で小分けすると便利。そのまま冷凍用保存袋に入れ、空気を抜いて袋の口を閉じ、冷凍する。

解凍 冷蔵庫で30分ほど置いて自然解凍。冷凍してもカチカチに凍らないので、冷凍庫から出してすぐに食べてもアイスのような食感でおいしい。

チョコとベリーの甘酸っぱい酸味が好相性。
好きなドライフルーツやナッツでアレンジして

チョコブラウニー

オーブンなしで完成！

卵焼き器を使えば型いらず！

卵焼き器や小さめのフライパンを使って焼くので、専用の焼き型がなくても問題なし。オーブンを使わずに作れるのも、うれしい。

【材料】（13.5×18.5cmの卵焼き器1個分）

ホットケーキミックス…30g

板チョコレート…1枚（50g）

バター（室温に戻す）…40g

グラニュー糖…40g

溶き卵…1個分

牛乳…大さじ1（15㎖）

フリーズドライ
　フランボワーズ（あれば）…適量

【作り方】

1. チョコレートは湯せんで溶かす。

2. ボウルにバター、**1**、グラニュー糖を入れ、泡立て器で混ぜる。全体が混ざったら溶き卵を少しずつ加え、その都度よく混ぜる。

3. **2**にホットケーキミックスを加えてゴムベラで混ぜる。粉っぽさがなくなったら牛乳を加え、混ぜる。

4. サラダ油適量（分量外）を薄く塗った卵焼き器に**3**を流し入れ、フランボワーズをちらす。

5. **4**にアルミホイルをかぶせ、ごく弱火で20分ほど焼く。

6. 火を止めてそのまま15分ほど蒸らす。粗熱がとれたら卵焼き器から出し、食べやすい大きさに切る。

 冷凍 ラップで1つずつ包んで冷凍用保存袋に入れ、空気を抜いて袋の口を閉じ、冷凍。

 解凍 冷蔵庫で2時間ほど自然解凍。または電子レンジ（600W）で1つ（約20g）につき8秒加熱。

保存
1ヶ月

保存
1ヶ月

チョコ
ブラウニー

チョコチップ
クッキー

チョコナッツ
マフィン

イースターですぐに作れる

チョコチップ
クッキー

**粉をふるう必要のない
ホットケーキミックスなら手軽に作れる**

【材料】（5〜6cm大の抜き型約36枚分）
ホットケーキミックス…200g
バター（室温に戻す）…35g
グラニュー糖…40g
溶き卵…½個分
牛乳…大さじ1（15mℓ）
チョコチップ…50g

【作り方】
1. ボウルにバター、グラニュー糖を入れ、泡立て器で混ぜる。白っぽくなったら溶き卵を少しずつ加え、その都度よく混ぜる。
2. 1にホットケーキミックスを加えてゴムベラで混ぜ、牛乳を加えてさらに混ぜる。粉っぽさがなくなったらチョコチップを加えて軽く混ぜる。
3. 2の生地を丸め、ラップで包んで冷蔵庫で1時間ほど休ませる。
4. 3をラップで挟み、麺棒で5mm厚さに伸ばす。好みの型で抜く。型がない場合は、スプーンで程よい量をすくい、アルミホイルの上で伸ばしてもよい。
5. オーブントースターの天板にフライパン用アルミホイル（ない場合は薄くサラダ油を塗ったアルミホイル）を敷き、4を並べる。あらかじめ温めておいたオーブントースター（200℃）で5分焼く。天板の前後を入れ替え、さらに2分焼き、程よく焼き色がついたらアルミホイルをかぶせて3分焼く。

冷凍 ラップで1枚ずつ包んで冷凍用保存袋に入れ、空気を抜いて袋の口を閉じ、冷凍。

解凍 冷蔵庫で30分ほど自然解凍。または電子レンジ（600W）で1枚（6〜10g）につき8秒加熱。

電子レンジでチンするだけ

チョコナッツ
マフィン

**クルミやアーモンドなど、好みのナッツを
加えて、食感のアクセントにして**

【材料】（マフィン用底径4.5cmの紙カップ8個分）
ホットケーキミックス…100g
ココアパウダー…大さじ2
バター（室温に戻す）…50g
グラニュー糖…30g
溶き卵……1個分
牛乳…大さじ4（60mℓ）
クルミ（粗く刻む）…40g

【作り方】
1. ホットケーキミックスとココアパウダーは合わせておく。
2. ボウルにバター、グラニュー糖を入れ、泡立て器で混ぜる。白っぽくなったら溶き卵を少しずつ加え、その都度よく混ぜる。卵を加える際、多少バターと分離しても、ホットケーキミックスを加えればなめらかになるので、そのまま作業を続けてよい。
3. 2に1を加えてゴムベラで混ぜ、牛乳を加えてさらに混ぜる。クルミを加え、さっくりと混ぜる。
4. ココットなどの耐熱容器に紙カップやシリコンカップを入れ、生地を等分に流し入れる。ラップをせずに電子レンジ（600W）で3分20秒加熱し、そのまま冷ます。

冷凍 ラップで1個ずつ包んで冷凍用保存袋に入れ、空気を抜いて袋の口を閉じ、冷凍。

解凍 冷蔵庫で2時間ほど自然解凍。または電子レンジ（600W）で1個（約35g）につき15秒加熱。

レンチンで簡単。
皮付きで作れる、甘酸っぱくてジューシーなコンポート

りんごのコンポート

【材料】（作りやすい分量）

りんご…1個
グラニュー糖…大さじ2
レモン汁…大さじ1

【作り方】

1. りんごは皮付きのまま縦4等分に切り、種と芯を取り除いてそれぞれさらに縦4等分に切る。皮の食感が気になる場合は皮をむいてもいい。

2. 耐熱ボウル（または耐熱皿）に**1**のりんごを入れ、グラニュー糖をふり、レモン汁をかける。ゴムベラなどでやさしく全体を混ぜる。

3. ふんわりとラップをして電子レンジ（600W）で4分加熱する。

4. 途中で一度取り出して、全体をやさしく混ぜる。ふんわりとラップをして電子レンジでさらに4分加熱する。

5. ラップを外してしばらく置き、粗熱がとれたらりんごのコンポートの完成！冷蔵庫で冷やしてから食べてもおいしい。冷蔵保存なら清潔な保存容器に入れ、3〜4日間保存可能。

冷凍 ラップで1つずつ包んで冷凍用保存袋に入れ、空気を抜いて袋の口を閉じ、冷凍。

解凍 冷凍庫から取り出してすぐ、シャーベット感覚で食べられる。器に盛り、5分ほど室温に置くと、少しやわらかくなり食べやすい。

スイーツや料理に大活躍!

りんごのコンポートはそのままでもおいしいが、パンケーキのトッピングやパウンドケーキのフィリング、肉料理のつけ合わせなどに使える。

ヨーグルトに

りんごのコンポートはヨーグルトと好相性。コンポートの甘さとヨーグルトの酸味が合わさってさっぱり食べられる。トッピングにグラノーラをちらすと食感のアクセントに。

トーストに

軽く焼いた食パンにクリームチーズを塗り、りんごのコンポートをのせ、砕いたクルミをちらせば、甘酸っぱいりんごトーストのできあがり。

余ったりんごの大量消費にも◎

Column

レンチンでOK！
カスタードクリーム
は難しくない

鍋で作ると火加減や混ぜ具合が難しいが、
電子レンジを使えば少しのコツで失敗なく作れる。
コクあり！とろみあり！の本格的な味わいのレシピ！

【材料】（作りやすい分量）

卵…1個 ※黄身も白身も使用

砂糖…大さじ4

薄力粉…大さじ2

牛乳…200㎖（1カップ）

バター…小さじ1

スイーツ作りの幅が広がる

カスタードクリーム作りをマスターすれば、タルトレットやアイスのつけ合わせなど、さまざまなスイーツに活用できる。

冷凍 カスタードクリームを冷凍用保存袋に入れ、薄く平らにして冷凍する。凍らせる前に、菜箸などを押しつけて線を入れておくと、使いたい分だけパキッと折って取り出しやすくなり便利。上記のレシピ分量でMサイズの冷凍用保存袋1枚分（約300g分）。

解凍 冷凍状態で使いたい分量を折って取り出す。耐熱容器に入れ、ふんわりとラップをかけて電子レンジ（500W）で加熱する。加熱時間は9分割の場合1ブロック（約33g）40秒が目安。加熱後、スプーンで混ぜて適温まで冷ます。

【作り方】

1. 大きめの耐熱ボウルに卵を割り入れ、よく溶いたら砂糖を加える。泡立て器で全体が白っぽくなるまでよく混ぜる。泡立て器を細かく動かしながら混ぜるとよい。

2. 薄力粉をふり入れ、泡立て器でさっくり混ぜる。全体が卵液になじんで粉が見えなくなればOK。混ぜすぎは粘りが出てくるのでNG！

3. 牛乳を加え、泡立て器で泡を立てないようさっと混ぜる。全体が均一のクリーム色になればOK。

4. ふんわりとラップをして電子レンジ（500W）で2分30秒加熱し、取り出したらすぐ泡立て器で全体がなめらかになるまで混ぜる。

5. 再度ふんわりとラップをして、電子レンジ（500W）で1分加熱する。取り出したらさらに全体がなめらかになるまで泡立て器で混ぜる。

6. 最後にもう一度ふんわりとラップをして、電子レンジ（500W）で1分加熱する。取り出したらすぐに泡立て器で混ぜる。3回目の加熱で、軽くとろっとした状態に。さらになめらかになるまで混ぜる。泡立て器を持ち上げたとき、クリームがリボンのように形を保って落ちればOK。

7. カスタードクリームが熱いうちにバターを加え、泡立て器で混ぜながら溶かす。バターが溶けたら、ボウルをテーブルにトントンと打ちつけてクリームを平らにならす。クリームの表面に密着させるようにラップをし、粗熱をとる。

お菓子作りや料理で
余った生クリーム、どうする？

生クリームは開封すると日持ちしないが、冷凍すれば3週間保存可能に！
余った生クリームをアイスにして冷凍保存するテクニックも。

泡立てて冷凍保存

保存
3週間

生クリームは、泡立ててから冷凍すると分離せず使える。
ただし冷凍後にかき混ぜることはできないため、スイーツに使う場合は砂糖を入れ、
料理に使う場合は砂糖を入れずに泡立てて。

1. 生クリームをツノがしっかりと立つまで泡立てる（8～10分立て）。スイーツ用で保存したい場合は、200mlの生クリームに対して、大さじ3程度の砂糖を加える。分離させないためにはしっかりと泡立てることが大切。写真のように、ややかためになるくらいが目安。

2. 金属製バットにラップを敷き、泡立てた生クリームを絞り出す（スプーンですくって落としてもOK）。バットの上にぴったりとラップをかけ、冷凍庫に入れる。ラップの上から指で触り、完全に凍っていたら冷凍用保存袋や保存容器に入れて冷凍庫で保存する。

スイーツに使う場合

ホットコーヒーやココアなど
温かい飲み物のトッピング
…凍ったまま使用
冷たい飲み物やケーキなどの
デコレーション
…冷蔵庫で30分程度解凍

料理に使う場合

シチューやグラタン、
パスタソースなど加熱調理する場合
…凍ったまま料理に入れる
粘性のあるドレッシングや
ディップソースなど加熱調理しない場合
…冷蔵庫で30分程度解凍

アイスにして冷凍

保存
3週間

生クリームを単体で使う予定がなければ、アイスにしてから冷凍するのもおすすめ。
解凍なしですぐに食べることができ、保存も兼ねられる。

いちごジャムアイス

酸味がさわやか！

【材料】（2人分）
生クリーム…100ml
砂糖…大さじ½
いちごジャム…70g

【作り方】
1. ボウルに生クリームを入れ、砂糖を加えて泡立て器でツノが立つまで泡立てる。
2. 1を半量ずつに分け片方にいちごジャムを加えて混ぜ、もう片方を加えてさっくりと混ぜる。
3. ふたのある金属製の保存容器に入れるか、冷凍用保存容器に入れて金属製のバットにのせ、冷凍庫で凍らせる。

ビスケットのアイスサンド

食感が楽しい◎

【材料】（4個分）
生クリーム…60ml
砂糖…大さじ1
ビスケット…8枚

【作り方】
1. ボウルに生クリームを入れ、砂糖を加えて泡立て器でツノが立つまで泡立てる。
2. ビスケット1枚に1の¼量をのせ、ビスケット1枚を上にそっとのせる。はみ出した部分はスパチュラやゴムベラで整えるときれいに仕上がる。残りも同様に作る。
3. ラップで包み、金属製のバットにのせて冷凍庫で凍らせる。凍ったら冷凍用保存袋に入れて冷凍庫で保存する。

じゃがいもと片栗粉だけで
作れるもっちり食感のスイーツ。
ポリ袋を使えば時短に!

いももち

冷凍保存して、おやつや朝食に

【材料】（12個分）
じゃがいも…中3個（約360g）
片栗粉…大さじ6（約54g）
水…100㎖
塩…小さじ¼

【準備するもの】
厚手のポリ袋、麺棒

【作り方】

1. じゃがいもは皮をむいて1㎝厚さのいちょう切りにし、水洗いして水気を切り、耐熱ボウルに入れる。分量の水を加え、ふんわりとラップをかけて電子レンジ（600W）で約7分、火が通ってやわらかくなるまで加熱する。軽く混ぜて1～2分置き、水分をなじませる。

2. じゃがいもを水気とともに厚手のポリ袋に移し、熱いうちに麺棒を袋の上から押しつけるようにして潰す。ある程度潰れたら麺棒を転がしながら押し、まんべんなく潰す。麺棒の代わりにじゃがいもの加熱で使った耐熱ボウルの底を使って潰してもよい。

3. 2に片栗粉、塩を加え、全体になじんでなめらかな生地になるまで袋ごと手でこねる。袋の底部分に生地をまとめ、円筒形（直径5㎝×長さ20㎝が目安）になるよう整える。

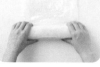

4. 袋の底部分以外を切り開き、袋の上で12等分に輪切りにする。生地はまず長さを半分に切り、さらにその半分に切り、最後に各3等分にするときれいに12等分になる。

5. フライパンにサラダ油（適量・分量外）を入れて中火で熱し、生地を並べる。ふたをして両面が色づくまで裏表3分ずつ焼く。ふたをして片栗粉にしっかり火を入れることで、いももち特有のもっちり感が出る。

 冷凍　粗熱がとれたら1個ずつラップに包む。冷凍用保存袋に入れて空気を抜くように口を閉じ、金属製のバットにのせて冷凍する。

 解凍　電子レンジ（600W）で1個につき1分30秒ほど加熱する。

（『いももち』アレンジレシピ）

チーズinいももち
中からチーズがとろ～り

【作り方】左のレシピ工程**4**まで作る。生地1個あたりピザ用チーズ（シュレッドタイプ）大さじ1を包み、形を整える。フライパンにサラダ油適量を熱し、生地を入れてふたをし、裏表3分ずつ焼いて器に盛る。チーズは生地を裏返したとき上にのせてもOK。

みたらしだれいももち
みんな大好きな甘辛味!

【作り方】小鍋に水100ml、しょうゆ大さじ1、砂糖大さじ2、片栗粉小さじ1と½を入れて火にかけ、沸騰してとろみがつくまで混ぜる。フライパンにサラダ油適量を中火で熱し、「いももち」の生地6個を入れてふたをし、裏表3分ずつ焼いて器に盛り、たれをかける。

コーンバターしょうゆいももち
生地の中にコーンがたっぷり!

【作り方】左のレシピ工程**2**まで作る。汁を切ったホールコーン缶や冷凍コーン½カップ（約90g）を混ぜ、レシピ工程**3～5**と同様に生地を作って焼く。焼き上がりにしょうゆ小さじ2を入れて絡め、器に盛り、バター適量をのせる。

トッポギ風いももち
辛味だれがクセになる!

【作り方】左のレシピ工程**4**まで作る。耐熱容器にコチュジャン・砂糖各大さじ2、しょうゆ・鶏がらスープの素（顆粒）各小さじ1、水大さじ3を入れて混ぜ、ラップをせずに電子レンジ（600W）で1分30秒ほど加熱して混ぜる。フライパンにサラダ油適量を中火で熱し、いももち6個を入れてふたをし、裏表3分ずつ焼いて器に盛り、たれをかける。

いろいろ方法があるけど……
焼きいもレシピはレンチンが正解！

ポイントは、電子レンジで70℃まで一気に加熱し、そのまま70℃をキープする「2段温め法」。でんぷん質が糖に変わる70℃でじっくり温めると、甘みがぐんぐん増す。品種によって「ホクホク」「ねっとり」など食感に違いが出るので、いろいろ食べ比べても楽しい！

【材料】
中サイズのさつまいも（約300g）
※大きいものは300gくらいになるように切る。小さいものは加熱時間を短くする。

【準備するもの】
ペーパータオル、
竹串、ラップ

【作り方】
1. さつまいもを水洗いし、濡れたままペーパータオルで包む。適度な水分が必要なので、全体をしっとり濡らすのがポイント。
2. 1の上からラップで包む。ラップが蒸気を閉じ込めて温度を保つので、すき間ができないように包む。

3. 電子レンジ（500〜600W）で1分30秒加熱する。ここで一気に70℃まで加熱。200g程度の小さめのさつまいもなら1分でOK。
4. 電子レンジ（200W、もしくは解凍モード）で8〜10分加熱。小さいワット数で70℃を保って甘みを引き出す。小さめのさつまいもなら8分程度加熱する。
5. ラップとペーパータオルをめくり、太い部分に竹串を刺してスッと通れば完成（さつまいもが熱くなっているのでやけどに注意）。かたさが残っていればペーパータオルとラップを元に戻し、竹串が通るまで電子レンジ（200W）で30秒ずつ、追加で加熱する。

冷凍 粗熱がとれたら、皮をむいてマッシュか、皮付きのまま角切りにする。マッシュはそのまま冷凍用保存袋に入れて平らにし、空気を抜くように袋の口を閉じて、1食分ずつ菜箸などで線をつけてから冷凍する。角切りの場合は、1食分ずつラップで包んでから冷凍用保存袋に入れ、口を閉じて冷凍する。

解凍 冷蔵庫で自然解凍か、電子レンジの解凍モードで解凍する。マッシュはポタージュやスイートポテトに。りんごやレーズンと一緒にマヨネーズで和えてサラダにも。角切りはそのままおやつとして食べたり、野菜サラダのトッピングに。

甘さを最大限に引き出すなら？
さつまいもは掘ってから2〜3ヶ月寝かせると、さらに甘くなる。旬の秋は掘ってすぐ出荷されることも多いので、すぐ食べない場合は常温（13〜16℃）でダンボール箱に入れて保存を。18℃以上では芽が出て栄養が減り、冷蔵庫保存では低温障害を起こして腐りやすいので、常温保存できない場合は加熱して冷凍を。